数智管理系列

数字化转型

区块链应用赋能

张立群　许东明　路亚鹏　黄思超 ◎编著

DT
BAE

企业管理出版社
ENTERPRISE MANAGEMENT PUBLISHING HOUSE

图书在版编目（CIP）数据

数字化转型：区块链应用赋能 / 张立群等编著. —北京：企业管理出版社，2022.4

ISBN 978-7-5164-2485-8

Ⅰ. ①数… Ⅱ. ①张… Ⅲ. ①区块链技术—应用—信息经济—研究 Ⅳ. ① F49

中国版本图书馆 CIP 数据核字（2021）第 182598 号

书　　名：数字化转型：区块链应用赋能

书　　号：ISBN 978-7-5164-2485-8

作　　者：张立群　许东明　路亚鹏　黄思超

责任编辑：徐金凤

出版发行：企业管理出版社

经　　销：新华书店

地　　址：北京市海淀区紫竹院南路 17 号　　**邮　　编**：100048

网　　址：http://www.emph.cn　　**电子信箱**：emph001 @163.com

电　　话：编辑部（010）68701638　　发行部（010）68701816

印　　刷：北京博海升彩色印刷有限公司

版　　次：2022 年 4 月第 1 版

印　　次：2022 年 4 月第 1 次印刷

开　　本：710mm × 1000mm　1/16

印　　张：13.75 印张

字　　数：200 千字

定　　价：68.00 元

前言
PREFACE

作为经济学概念的数字经济，是人类通过大数据（数字化的知识与信息）的识别、选择、过滤、存储、使用，引导资源的快速优化配置与再生，实现经济高质量发展的经济形态。

中国正在加速步入数字经济时代。数据显示，2017 年中国数字经济市场规模为 27.2 万亿美元，2018 年中国数字经济市场规模为 31.3 万亿美元，2019 年中国数字经济市场规模为 35.8 万亿美元，同比增速为 14.41%。中国的数字经济市场正在蓬勃发展，传统产业与数字经济结合成为整个国家热议和思考的话题。

区块链技术是数字经济的基本技术手段，是传统经济与数字经济结合的金钥匙。掌握了区块链技术和区块链的思维方式，我们就能够破解很多传统经济的难题，就能够打开未来科技的宝库。

本书以理论和实例相结合的形式，讲解了区块链技术给数字经济带来的变革，包括货币、支付体系与区块链的结合，无形资产与区块链的结合，股权资产与区块链的结合，金融与区块链的结合。

读完本书以后，希望读者能够理解区块链的底层逻辑和市场应用，能够主动地将生活中的难题在区块链的世界里找到答案。在写本书前言的时候，发生了滴滴事件：2021 年 6 月 30 日，中国打车巨头滴滴出行正式在美国纽约证券交易所挂牌上市，一开盘即大涨 18.93%，市值一度突破 800 亿美元。7 月 4 日，国家互联网信息办公室核定滴滴出行违规收集用户个人信息，触犯国家法律，点名通报批评，并勒令其下架。7 月 9 日，国家互联网信息办公室发布关于《网络安全审查办法（修订草案征求意见稿)》(以下简称《办法》)公开征求意见的通知。该《办法》提出，掌握超过100万用户个人信息的运营者赴国外上市，必须向网络安全审查办公室申报网络安全审查，承诺不利用提供产品和服务的便利条件非法获取用户数据、非法控制和操纵用户设备，无正当理由不中断产品供应或必要的技术支持服务等。解决类似事件，区块链技术解决方案无处不在：如何合理收集用户信息并且给予相应的补偿？如何保存用户对信息收集的许可？用户如何利用自己的信息？如何利用加密脱敏技术来保障大数据的市场应用又不触及信息泄露？可以说，在未来，有互联网的地方就有区块链技术应用。

特别需要说明的是，本书学习、借鉴、吸收和参考了国内外众多专家学者的研究成果及大量的相关文献资料，并引用了一些书籍、报刊、网站的部分数据和资料内容，还有很多记者对于一些项目案件的报道文稿等，本书尽可能地在参考文献中列出，也有部分由于时间紧迫，未能与有关作者一一联系，敬请见谅。在此，对这些成果的作者深表谢意。限于编者的学识水平，书中难免有疏漏之处，敬请广大读者批评指正！

目录
CONTENTS

第一章

区块链概述：链接万物、去中心化

毫无疑问，当今的人类社会已经进入了数字经济时代。数字经济是指利用数字改造知识和信息，快速地优化配置和再生现有资源，最终实现高质量发展的一种经济形态。数字经济通过不断升级网络基础设施、智能机器等工具，结合互联网、云存储、人工智能、区块链等先进技术，推动工业转型，使经济由工业经济向智能经济转变。在数字经济形态下，交易成本大大降低，信任快速有效，资源的优化配置率提高，社会生产力快速发展。

区块链是生产关系的革命，必然带来生产力的大变革，是真正的供给侧革命。传统行业很适合引进区块链技术，区块链第一浪的发展可能会挺快，但是区块链第二浪的发展，可能会比大家想象的慢，甚至可能会慢很多。

——阿里巴巴集团学术委员会主席　曾　鸣

开章
案例

京东：全面开放区块链技术

2019年4月9日，京东发布《京东区块链技术实践白皮书（2019）》。京东数字科技副总裁曹鹏表示，京东数字科技旗下的京东区块链团队从解决业务痛点的角度出发，深挖京东体系内外的众多业务场景，在品质溯源、数字存证、信用网络、金融科技、价值创新五大类应用场景中实现了一系列落地，如图1-1所示。

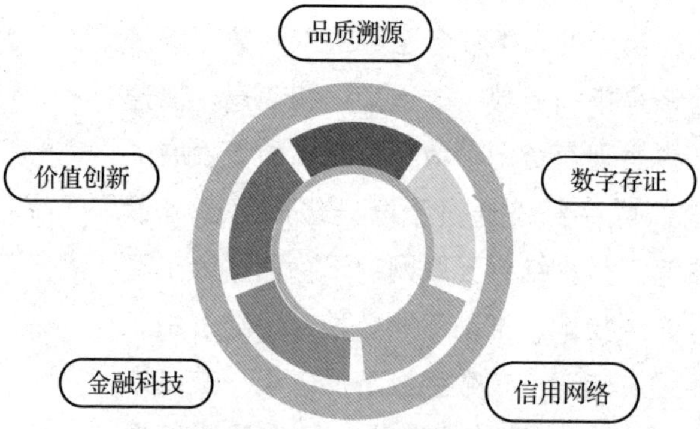

图1-1　京东区块链应用场景

1. 公司概况

京东成立于1998年，2014年在美国正式上市，是中国第一家在美国成功上市的大型综合性电子商务平台，市值超过300亿美元。2013年京东注册用户突破1亿，次年京东市场交易额达到2602亿元，净收入1150亿元。京东目前是中国最大的自营电子商务企业，与腾讯、百度、阿里巴巴等互联网巨头并居全球十大互联网公司之列。

2. 构建区块链平台

2018 年 8 月，京东推出了自主研发的区块链服务平台——智臻链。这标志着京东区块链技术及应用向全社会全面开放，已经通过了大规模商业应用实践和超过 12 亿条可追溯上行数据的检验。

该平台不依赖云资源，可以部署在私有云或其他云（腾讯云、京东云等）上，还具有与各种底层技术、企业级动态组网等成熟应用开放兼容的核心优势。服务平台主要屏蔽一些技术壁垒，使使用它的企业能够轻松掌握，并与其他企业结成联盟，形成业务关系。区块链通过 BaaS 平台进行分布式缓存，使得底层技术可以在不停机的情况下动态扩展。

平台化可以封装与区块链相关的技术组件，形成一个能够提供 BAA 的底层技术服务平台。整个 BaaS 具有以下核心能力：一是核心环境，即区块链快速部署的开发环境和调试环境；二是开放兼容，它不仅限于基本云，它可以兼容各种云，因为私有云、公共云或混合云都有业务需求；三是可信身份，在联盟链中，每个身份都是可信的。例如，公共链是开放的，每个人都是匿名的，找不到人，然而，在当前的金融领域却难以接受，但可以在联盟链中解决这一问题；四是企业级动态主网，所有 BaaS 企业都可以灵活地组织自己的网络、发布合同、进行相应的区块链业务开发。

京东大数据与智能供应链事业部总裁裴健演示了构建企业区块链应用平台的部署，整个过程不到 30 秒。这意味着距离区块链技术的包容性使用又近了一步。智臻连锁作为服务于商业机构的开放平台，承担着降低企业应用门槛、提供完整解决方案的使命。它具有一键部署、多底层开放兼容、可信身份链认证、企业动态组网、横向扩展、轻量级网关等一系列突出的技术特点，可以帮助企业跨入区块链应用的大门。

3. 防伪溯源开放平台

京东作为消费品流通的主渠道，将携手众多消费品行业龙头企业，共同建设区块链技术平台——京东区块链防伪追溯开放平台。这个链是一个联盟链，通过这个区块链平台，能够实现线上和线下所有参加链的零售商品的追溯和防伪，通过公正和溯源，有效地保护自身品牌和消费者的权益，帮助消费者不断提升高品质的购物体验。京东区块链防伪追溯平台作为全球最早应用于供应链领域的区块链之一，也是京东智能供应链战略的重要组成部分。

数据的不可篡改性和时间戳的存在证明等区块链特点，能够很好地支持商品的可追溯性和防伪性。它可以提高商品信息的安全性和可追溯性，从而提高中间环节的透明度。从公司的角度来看，这些信息可以为在途产品提供合法性证明和真实性证明。从消费者的角度来看，人们可以找到更多关于所购买产品的信息，如产品是否为原装，是否在正确的生产条件下生产、加工、运输等。例如，通过采购牛肉的唯一追溯码，可以看到采购牛肉来自哪个养殖场，以及品种、年龄、饲料、产地检疫证号、加工厂企业信息、屠宰日期、出厂检验报告信息、入库时间、温度、抽检报告等，直到最后的发货、配送信息也可以一一显示，这样就没有了非法交易和欺诈的藏身之地，可以让用户吃上放心食品。

同时，随着质量追溯防伪联盟的成立，平台聚焦京东商城零售生态，服务优质品牌商户，致力于向消费者展示优质商品的全过程追溯信息，从而实现商品质量的可视化和真实保护。公司希望实现两大功能：一是利用区块链技术和物联网技术，打通品牌商、京东、政府和检测机构之间的防伪、追溯和全程追溯信息通道，并对商品原材料采购过程、生产过程、流通过程、营销过程等信息进行整合和追溯，真正实现品牌商、渠道商、零售商、供应商的联结，消费者可以从一个产品到一个代码（从一个批次到一个代码）全程追溯正品，并通过京东 App、网站、微信、手机 QQ 等渠道向消费者全面展示，极大地提升了用户的信任体验；二是京东与政府和优质品牌合作，建立京东质量追溯防伪联盟，积极参与国家追溯标准的制定。借助区块链技术，保证信息的绝对安全，为供应链全过程信息管理提供强有力的安全保障。此外，京东还积极响应广东省出入境检验检疫局发布的“构建全球质量追溯体系倡议”，实现了现有产品的工厂级追溯。京东区块链防伪溯源平台已完成与广东省出入境检验检疫局智能查验口岸平台的数据对接。京东将继续接受政府部门在全球采购领域的管理，按照国家规定承担企业的责任。京东区块链开放平台从以下四个方面为接入品牌提供技术支持。

第一，数据收集。供应链全过程数据采集涵盖移动应用和物联网设备技术，设计并实施品牌生产、加工、流通的数据采集解决方案。

第二，数据整合。京东区块链防伪溯源开放平台将提供开放的应用程序编程接口，将品牌和经销商的数据写入京东销售的商品；此外，对于京东未销售的商品，京东将提供区块链联盟链账本的部署方案，确保品牌方的数据安全，搭建与区块链防伪追溯平台的桥梁，帮助消费者实现全渠道防伪信息追溯。

第三，数据可信。京东将推出与该品牌现有二维码、条形码兼容的“京东 PIN 码”，作为京东区块链防伪追溯平台的品牌识别和信任背书标志。未来，“京东 PIN 码”携带的数据将成为区块链网络中的唯一记录，并进行跨学科信息整合，让消费者实现一码接入，查询全链多方信息。

第四，数据显示。京东商城将依托京东区块链的防伪溯源平台，依托现有领先的自营电商流程和渠道资源，帮助品牌商家通过溯源防伪信息到达消费者手中，并设计一揽子解决方案收集消费者反馈，从而帮助品牌商分析整个网络的质量数据和商品流通数据。

如今，京东区块链防伪追溯系统已与国内外 500 多个知名品牌合作，覆盖了 14000 多个 SKU（库存量单位）。不难发现，智臻链是京东在区块链实际应用中开发的 BaaS 平台。京东通过多次实景项目实践，积累了丰富的经验，并逐步构建了企业级区块链服务平台，让区块链深度融入京东，京东也可以更好地将区块链作为一种直观、可靠、可感知的基础设施服务，并将其打造成刘强东谈到的未来零售基础设施的一部分。

资料来源：笔者根据多方资料整理而成。

区块链是一种以密码技术为核心，通过去中心化和去信任的方式集体维护的一种不可篡改的分布式共识账本（Immutable Programmable Distributed Ledger）。简单来说，区块链就是一个去中心化的价值传输网络。它的存在一定程度上降低了中介（信任代理）存在的必要，并提供了一种点对点直接交互的可能性。

区块链技术的产生最初来源于数字货币（本书中的数字货币仅指由国家发行的数字货币，如中国数字人民币），而现在数字货币仅仅是作为区块链中的一个应用，这种去中心化思想及理念，有改变现有社会信用体系的能力，让人们对未来产生了更多的遐想。2018 年普遍被认为是区块链在中国发展应用的元年，区块链技术已经开始尝试运用到各行各业，并走入了大众的视野中。

第一节　链接万物

区块链技术不仅仅是对互联网的颠覆，更是一种能改变社会的体系。这种体系是一种全新的信用机制，不取决于道德约束、信仰束缚和政府权威，是以一种去中心化的方式，完成点对点的直接沟通交互。这种方式将极大地降低风险和成本，从而提高效率。而区块链的价值不只是数字加密货币的应用，在生活的方方面面都能体现其存在的价值。在《2018 年中国区块链产业白皮书》中写道，区块链作为一项颠覆性技术，正在引领全球新一轮技术变革和产业变革，有望成为全球技术创新和模式创新的“策源地”，推动“信息互联网”向“价值互联网”变迁。

区块链应用可以大致分位三个阶段：区块链 1.0——数字货币；区块链 2.0——数字资产与智能合约；区块链 3.0——各种行业分布式应用。如图 1-2 所示。

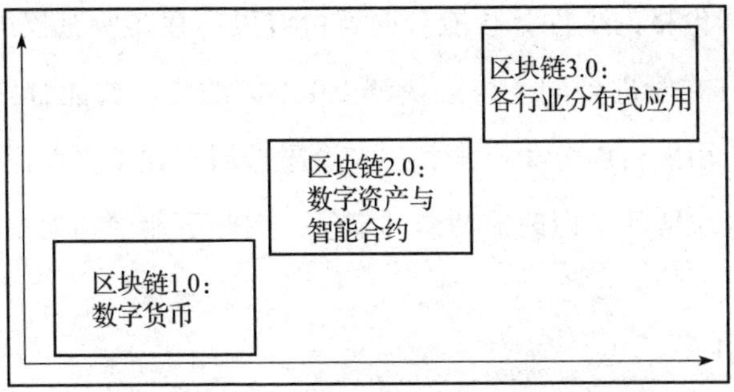

图 1-2　区块链应用的三个阶段

一、区块链 1.0：数字货币

数字加密货币是指不依赖任何物理对象，使用加密算法的数字货币。这种货币的特点是使用点对点技术。区块链 1.0 时代被称为数字货币时代，指经过概念提出到社会应用，数字货币已经走出了实验室。以中国数字人民币为例，一些国家开始发行基于区块链技术的数字货币。

二、区块链 2.0：数字资产与智能合约

区块链 2.0 时代是智能合约时代，在智能合约中，用户可以选择各种模块来构建应用程序。这个应用程序实际上是一个合约。

智能合约是一个开源的公共区块链平台，与众不同的是，它提供了区块链智能的自动合约，它提供分散的虚拟机，然后通过一种特殊的燃料（用户通过购买燃料）处理点对点的交易。智能合约的概念是由 Vitalik Buterin 于 2013—2014 年提出的，在区块链 1.0 的基础上，进行了区块链技术的普及化，它的大意是“下一代的区块链去中心化应用平台”。2018 年 5 月 17 日，中国正式发布了首个全球公链技术评价指标及排名，智能合约在评价榜中排名第一。

智能合约相当于管理区块链上合同的两方或多方的协议。一旦出现有

关合同日期和价格的事件，智能合同就可以以不存在所有权争议和不更改开放协议的方式管理合同。与区块链 1.0 不同的是，智能合约将区块链技术从简单的货币发行中分离出来，但在金融领域提供了更广泛的应用场景，这也削弱了区块链的货币改造功能的定位，因此更加受到大众的欢迎。

专栏 1-1

恒生电子：区块链布局与应用

2018 年 6 月 8 日，恒生电子与天津金融资产交易所联合召开了“基于区块链的智能收益分享合约产品”新闻发布会，它是利用区块链技术开拓上下游企业、提高产业链核心竞争力、调整资本结构、为投资者分享收益的供应链金融合约产品。

1. 公司概况

恒生电子成立于 1995 年，2003 年在上海证券交易所主板上市，是中国最大的金融软件和网络服务提供商之一。业务范围涵盖证券、期货、基金、信托、保险、银行、私募等多个领域，其中证券公司核心交易系统、基金投资管理系统等产品占有 70% 以上的市场份额。

2. 布局区块链，发力联盟链业务

区块链行业是全球近几年发展最快的行业之一，具有分布式协作、信息不可篡改等优势，与金融行业对系统安全性、可追溯性、便捷性等需求相符合，同时区块链技术理论上可以降低金融机构的协作成本、数据泄露与篡改的风险，因此业内普遍认为，金融是区块链技术的最佳应用场景之一。

2015 年，恒生电子就开始了对区块链的研究，此后动作频频。2016 年，成立了恒生区块链研究院专家研究室，加入超级账本 Hyperledger，并联合发起金融区块链合作联盟；2017 年，完成了基于区块链的私募股权系统原型验证系统，并且发布了金融联盟链 HSL，以及发起运营了 FTCU 范太链，这两个项目也是恒生电子区块链战略的主要载体。

根据恒生电子的公开声明，金融联盟链 HSL 是一个分散的 PAAS 平台，用于快速为合规金融机构构建区块链系统。目前主要扩展了在贸易金融、供应链等业务领域的应用场景。2018 年 6 月，恒生电子与天津金融资产交易所发布了基于区块链的智能收益分享合约产品，利用 HSL 连接上下游企业，为投资者分享收益；2018 年 12 月，由中国银行业协会牵头的中国贸易金融跨行交易区块链平台正式启动。HSL 支持平台的在线信用证和福费廷业务，并与未来新的贸易融资业务对接。恒生电子的区块链足迹如图 1-3 所示。

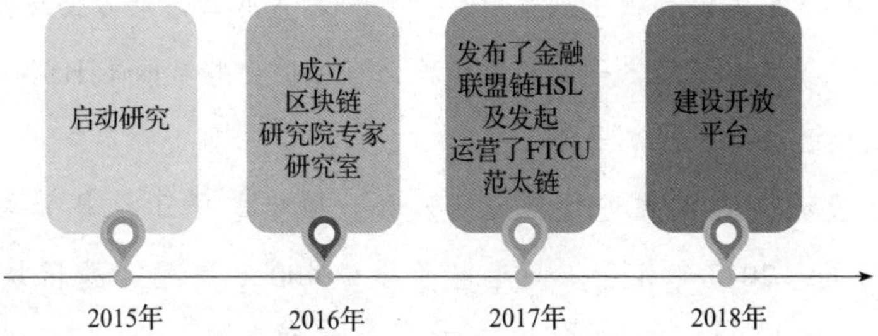

图 1-3　恒生电子的区块链足迹

FTCU 范太链主要连接相关互联网法院、公证处等公信机构，目前已支持合约链、私募链等业务场景接入。2019 年 2 月 22 日，恒生电子与海南省知识产权局签署合作协议，共同建设知识产权综合服务平台、电子注册及配套竞价交易系统，其中引入区块链技术进行知识产权的存储和流通。

2018 年 6 月 6 日至 7 月 5 日，恒生电子在 30 天内密集发布并落地了 9 款区块链和人工智能技术产品。6 月 6 日，恒生电子 CEO 官晓岚在杭州发布了四款 AI 新品（晓静智能问答平台、智能资产配置引擎、智能 KYC 和智能服务分析）。6 月 8 日，恒生电子和天津交易所发布了国内首个区块链收入共享智能合约等两款区块链产品，区块链应用正式启动。恒生电子董事长彭政刚表示：“让我们共同推动中国供应链的新未来，这是时代赋予我们的最好机会，我相信未来是可以预料的。”6月26日。恒生电子官网推出业内首款重量级产品——恒生机构柜面系统，为公募基金提供了全业务、全流程的解决方案，完美解决了“四个问题”，完美实现了“五个关键”，这一重量级产品从计划到2017年11月上市仅用了7个月，可见恒生电子强大的科研实力。6月28日，杭州互联网法院推出国内首个区块链电子证据平台，由恒生电子子公司鲸腾网络科技有限公司提供技术支持，成为首批与司法系统区块链成功对接的电子证据服务机构之一。7月，由云永网络、恒生研究院、天津金融资产交易所联合打造的基于区块链技术的不良资产“一键拍卖”平台在官方网站正式上线，将不良资产处置上链，开辟了场外交易区块链创新之路。在这些产品中，恒生电子使用了两大杀手——八爪云链和恒生共享账本。其中，八爪云链是为交易所行业开发的基础信任链，可提供一键式链服务，包括恒生共享账本HSL－分散金融联盟授权链PAAS技术平台。

除了投入大量资源进行自主研发外，恒生电子还投资了多家区块链相关公司。2017年4月，恒生电子投资400万美元入股区块链项目Symbian，占比4.65%。恒生电子CEO官晓岚表示：“我们之所以选择Symbian，是因为它优越、成熟、高度分化的分布式账本栈（DLT栈），其数据层受到市场领先的安全和隐私解决方案的保护，其智能合约已证明其自动化复杂业务逻辑的能力。”据了解，Symbian成立于2015年，定位为基于区块链的智能证券发行和交易平台，并推出了企业区块链和智能合约平台组装。目前，已开展R3联合银行银团贷款、安联巨灾互换保险系统等业务测试。2019年1月，Symbian获得纳斯达克风投、银河数码、花旗等机构2000万美元的B轮融资，这意味着Symbian受到了众多顶级金融机构的青睐。其中，纳斯达克风险投资公司负责人加里·奥夫纳也表示，塞班的企业区块链和智能合约平台未来将整合到纳斯达克金融框架中。

除Symbian外，恒生电子旗下的几家公司也在区块链方向布局，其中科蓝软件持股约8%，融都科技持股约30%，科蓝软件和融都科技都是IT

解决方案提供商。2018 年 9 月，推出了 BangLink 品牌 RangLink，以及应用该技术的 BBG 红茶和 BigStand 智能手链，并与浙江财经大学联合建立了链链技术研究所。

3. 推出区块链开发平台

近年来，恒生电子不断投入创新，明确定位 fintech，以科技为核心，在机器人投资顾问和区块链技术领域布局。作为区块链的核心目标，公司在技术、标准、行业影响力、协议建设等方面具有较强的优势，有望率先实施包括数字账单系统在内的区块链应用。

2019 年 3 月 19 日，由恒生电子子公司云永网络主办的“2019（商品）交易场所创新服务联盟研讨会暨成立大会”在杭州举行，其中，区块链技术商品交易服务平台“链易通”发布。据悉，“链易通”通过资产链完成商品的确权、证书存储和流通追溯，并利用区块链技术拓展更多商品流通和消费场景。

2016 年，恒生电子推出了恒生开发社区，旨在为金融科技开发商建立一个共享的生态系统。目前，开发者社区拥有开放平台、统一金融接入系统（United Finance Exchange，UFX)、光明、互联商城、智能云、区块链六大服务板块，可为开发者提供终端对接、应用组件集成、创新云服务等全方位的信息和技术支持、项目众包和区块链技术共享。该服务平台面向所有金融科技开发商推出，为服务共享、技术交流、互联互通等提供一站式服务平台。

针对过去大宗商品交易过程中的痛点，恒生推出了另一个“大宗供应链集成系统”。该系统主要面向七个方面构建全垂直产业链客户综合平台生态系统：一是核心生产企业；二是大型商贸流通企业；三是第三方综合垂直电子商务平台；四是商品交易所；五是物流企业；六是仓储企业；七是供应链金融机构，如商业保理。

服务实体经济是供应链金融发展的重要目标，如钢铁、农产品等相对传统的产业正借助科技力量积极创新。深圳市中农网有限公司 CEO 孙伟表示：“企业在面临生存和行业巨变的时候，必须做出自己的调整。当像恒生电子这样的企业能够通过服务大量的客户来创造一些产品时，我们应该继续共同创造，利用技术的力量来磨合和打磨产品，降低成本。”

资料来源：笔者根据多方资料整理而成。

三、区块链 3.0：各行业分布式应用

区块链技术发展的两个领域（见图 1-4）：一个是技术突破，指的是专注于区块链技术突破的企业；另一个是智能应用，指的是区块链技术的研究与应用。目前，区块链技术已经从最原始的应用转向了社会各行各业的应用，区块链技术是一种基本技术，可以和任何行业进行数字化嫁接。

图 1-4　区块链技术发展的两个领域

在这一阶段，区块链将更多地应用于人类组织形态的变革，包括且不限于医疗健康、科学、文化和基于区块链的司法、行业互信等问题。区块链 3.0 也代表着区块链技术涉及人类生活的方方面面，通过去中心化的统筹平台减少各行业对第三方机构的依赖，搭建一个以信任为基础的安全、快速、全方位、多匹配的数据网络。

专栏 1-2

苏宁易购：布局区块链

2018 年 7 月 20 日，苏宁技术研究院、苏宁金融研究院、苏宁云三个机构联合发布了《苏宁区块链白皮书》，在这个白皮书中，详细阐述了苏宁易购在零售、物流、科技、金融、公共服务、文化创新等优势产业的区

块链应用计划。

1. 公司介绍

苏宁易购总部设在中国南京，成立于1990年12月26日，它是中国商业企业、物流企业的领导者。目前，已经发展为全产业链集团公司，产品包括传统家电、消费电子、日用百货、日化用品、书籍、虚拟产品等综合类。在全国范围内拥有实体店超过1600家，覆盖全国大部分城市，线上平台——苏宁易购已经成为中国B2C前三，与京东和天猫等站在同一阵列，在线上线下融合发展引领零售业发展新趋势。公司的口号是：货真价实、优质服务、便捷购物、舒适体验。2004年7月，苏宁电器股份有限公司成功上市。2017年《财富》统计，全球500强榜单中，苏宁云业务排名第485位。

2. 区块链黑名单应用落地

苏宁易购在2019年快报中披露了其在金融领域的发展成就。其中，支付业务新卡绑定会员数同比增长69%，2018年供应链金融业务交易规模同比增长55%。同时，推出跨境支付、消费金融平台、手机租赁、全保产品等金融创新产品。

苏宁银行重点发展核心业务，资产总额比年初增长116%。苏宁易购表示，2019年12月28日，公司董事会通过了苏宁金服C轮增资扩股方案。未来，随着资本的到来，苏宁金服的资本实力将得到提升。

在金融技术应用方面，苏宁金融成功实施了企业知识地图、区块链黑名单、企业风险预警系统、“在线区块链＋物联网”动产质押系统，苏宁智慧投资等围绕业务应用场景和关键技术推出了前沿创新产品，加快金融科技公司转型，输出金融科技能力。

苏宁金融的区块链黑名单应用非常有特色，受到了广泛关注。苏宁曾在其发布的《苏宁区块链白皮书》中对黑名单产品进行了明确阐述，认为当前的黑名单存在三大问题。一是由于大部分机构的黑名单没有公开，因此一些用户本身就存在信用问题，但是这不容易被发现，他仍然可以向不同的机构借款，给不同的金融机构造成不可避免的损失。二是黑名单数据并非来自官方的信用数据，都是各自收集的。尤其是，不同的公司有不同的收集和评价体系，甚至只有一些民营机构对个人信息进行收集、分析并且高价销售原始数据。这种集中模式不仅使金融机构风险控制成本高，数据更新不及时，也有可能造成信息泄露。三是数据的集中化带来系统风险，一些系统的风险防护措施不够，容易被黑客攻破。

苏宁区块链黑名单系统基于区块链对金融机构的黑名单数据进行加密存储。金融机构可以自己独立部署节点，并接入苏宁联盟链，自由地上传和查询区块链黑名单数据。其中，客户个人信息在脱敏后存储和传输，防止了原始数据的泄露。平台还采用匿名发布和查询机制，使查询数据的组织和被查询的组织都可以进行匿名操作。苏宁易购表示，通过这一方案，有效地解决了黑名单数据不开放、不集中、获取成本高等关键问题。

苏宁银行开发“区块链＋物联网”动产质押系统。依托区块链技术，在该平台上可以实时查看已经加入链的大宗商品的运输和进出口记录；依托物联网技术，动产质押融资业务的实体流、信息流、资金流实现了“三流合一”。为发展动产质押融资等业务提供了新的监管模式。

3. 聚焦商品溯源场景

不仅在金融领域，苏宁区块链技术在零售领域同样颇有成果，上线商品溯源系统，助力实体产业发展。

苏宁易购于 2018 年“6·18”电商节上线了自主研发的区块链商品溯源系统，在苏宁易购线上和线下门店全面启用，双线保障商品质量。苏宁易购应用商品防伪溯源区块链技术，对商品的生产、加工、运输、流通、零售等环节，通过产业上下游的各方主体广泛参与来实现追踪记录。苏宁易购用户在购买商品后，只要扫描产品上的溯源码，就可以“一键”查询产品信息。

资料来源：笔者根据多方资料整理而成。

第二节　走进区块链

随着数字货币名声大噪，其底层技术——区块链逐渐进入了大家的视野。但到底何为区块、何为链呢？让我们一起走进区块链。

一、区块链的概念

1990年，Scott Stornetta和Stuart Haber为了解决电子记录容易被篡改的问题，提出建立一个网络，所有的数字记录在创建时都可以渗透到每个用户的网络中，这样就没有人可以篡改记录。这是区块链最早的概念。这一概念的核心是数字时间戳，它与区块链的区别在于这种共识机制是否存在。随后，罗斯·J.安德森和布鲁斯·施奈尔、约翰·凯尔西分别于1996年和1998年发布了研究成果。1998年，Nick Szabo研究了电子货币分散化的机制，他称之为比特金。2000年，Stefan-konst发表了统一的加密保护链理论，并提出了一套可以实现加密的方式方法。

2008年11月，一位名叫中本聪的男子，中本聪是谁，目前仍然是一个谜，有人说他是美国人，有人说是日本人，但是到现在关于他的信息仍然少之又少，虽然有人站出来说自己就是中本聪，却最终没有能够拿出他的比特币0区块证明，也许，中本聪就是在创造一个匿名的、自动化运转的数字未来世界。不管中本聪是谁，他在一篇题为《比特币：一种点对点的电子现金系统》的文章中提出了一个概念：以区块链技术为基础，构建数字货币数据结构和交易系统，将这个系统构建成数字货币和网上支付系统，利用加密技术实现资产转移，而不依赖中央银行。当然，我们知道，比特币构建的不依赖于中央银行发行的数字货币是非法的，尤其是在中国，比特币的交易是不具有任何法律效力的。

2015年12月，由Linux基金会发起了一个项目——Hyperledger（或称 Hyperledger Project，加密账本），它是一个开源项目，旨在促进区块链在不同行业中的应用，嫁接不同行业的数据本。其成员包括金融、银行、物联网、供应链、制造业和技术领域的领导者。该项目旨在区块链和分布式会计系统的跨行业开发与协作，重点开发性能和可靠性（与同类数字货币的设计相比），以支持主要技术、金融和供应链公司的全球的业务交易数据上链。该项目通过框架方法和特殊模块，来进行独立的开放协议和标准统一化，这个账本项目包括每个区块链的共识机制、存储模式、身份服务、访问控制、智能合约。

二、区块链的特征

区块链技术是一种新的分布式基础设施和计算范式，它有四个特点：利用区块链数据结构来验证和存储数据，利用分布式节点共识算法来生成和更新数据，利用密码学来保证数据传输和访问的安全，利用由自动化脚本代码组成的智能契约来编程和操作数据。简单来说，区块链定义是以密码技术为核心，通过去中心化和去信任的方式集体维护的一种不可篡改的分布式共识账本（Immutable Programmable Distributed Ledger）。区块链技术的特征如图 1-5 所示。

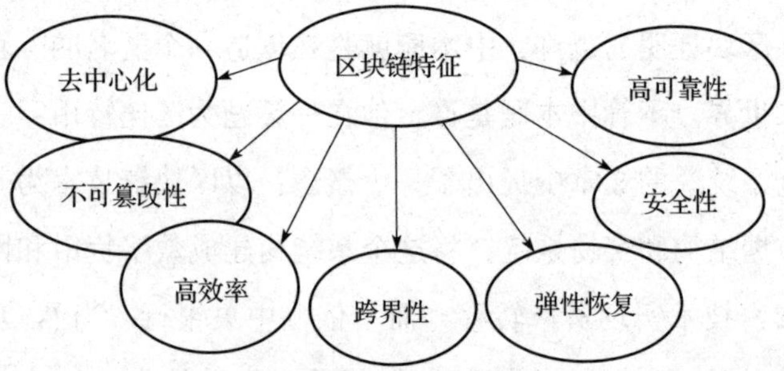

图 1-5 区块链技术的特征

第一，去中心化，分布式储存技术可保障数据的安全，消减数据丢失的风险。

第二，不可篡改性，数据不可篡改，公开透明，可有效消除暗箱操作的可能性。

第三，高效率，可大大节约人力及时间成本，大幅提高效率。

第四，跨界性，表现在点对点的网络可以让价值转移更加高效并且节约成本，消除烦琐的中介环节的阻隔。

第五，弹性恢复，冗余型结构，即便在系统遭受大规模攻击的情况下，多数节点依然可用。

第六，安全性，任何节点都有原区块链的完整拷贝，即便大部分节点宕机，系统依然可用任何节点。

第七，高可靠性，区块链证明并验证了相关方的身份，移除了重复的记录，可降低费率并加速交易。

三、区块链的核心技术

区块链的核心技术其实是一种共识算法，需要共同维护、共同见证，并且少数人无法作恶。在决策高度分散的情况下，如何让每个节点有效地就区块链数据的有效性达成共识，成为分布式保证数据统一的问题。这里我们需要提到拜占庭将军问题，这个问题就是用通俗的故事来说明数据通信的一致性问题，也就是共识问题。拜占庭将军问题是 Leslie Lambert 在其同名论文中提出的共识问题和分布式对等网络通信容错问题。在分布式计算中，不同的计算机通过通信和信息交换达成共识，必须按照同一套协作策略进行操作。但是，系统中的某一个或者多个计算机有时可能会因为各种原因出错从而传导出错误的信息。同时，通道也可能出错，比如用于传输信息的通信网络的破坏，也可能导致信息出错，这使得网络中的计算机在通信中获得不同的结果，从而破坏了整个网络系统的一致性。拜占庭将军问题被认为是通信一致性中最困难的问题之一。因为渠道也不可靠，还会出现另一个问题，就是两军一致性的问题。就好像两个军队相距遥远，因为信息不一样，所有双方派出使者会无限期地进行信息交换。在这种情况下，由于是点对点的通信，双方不可能在这种情况下实现信息的一致性。更严格的一点是，“在分布式计算中，不可能在异步系统和不可靠的通道上实现一致性”。两军问题的根本在于渠道的不可靠；反之，如果传送信息的信道可靠，两军问题就可以解决。由于以上问题，我们需要达成共识。当前比较有效的方式，就是比特币所用的共识机制，如图 1-6 所示。

图 1-6　区块链共识机制

1. 工作量证明 PoW（Proof of Work）

由分布于全球的矿工节点通过算力竞争方式争夺记账与获益权，在追逐利益的同时达成分布式共识，通过随机竞争防止作恶、通过难度调整快速收敛、通过挖矿奖励进行激励。

而工作量原理 PoW 这一概念则来自 hash cash，其主要用于邮件过滤，所有想发送电子邮件的人，都需要满足一个计算结果才会接受，要满足这个计算结果必须使用一定的计算方法，这个计算必须通过 CPU 来进行，即使一次计算只需要几秒，这对于邮件系统来说都是致命的，因为这些系统每天要发送数以万计的垃圾邮件，多出的 CPU 时间对它们来说代价是非常大的。比特币在区块的生产过程中使用了 PoW 机制，在这个机制下，一个符合要求的区块哈希值由 N 个前导零构成，零的个数取决于网络的难度值。如果想得到合理区间就需要经过大量计算，计算时间取决于机器的哈希运算速度。因此，当节点拥有占全网 n% 的算力时，该节点即有 n%

的概率找到区块哈希值。

PoW 记账机制必须依赖机器进行数学运算来获取记账权，所需要的资源消耗巨大，同时，它的作用是共识机制高、可监管性弱，因为每次达成共识都需要全网共同参与运算，这个过程性能效率低，容错性允许全网 50% 节点出错，就是一半对一半的概率，也就是说，只有全部计算机的一半都被篡改，才可能出现错误。工作量证明通常只能从结果证明，监测工作过程通常烦琐低效。

2. 权益证明 PoS（Proof of Stake）

权益证明 PoS 是在“量子力学”比特币论坛的讲座中提出的，然后通过 peercoin 和 NXT 的不同思想来实现。在利益驱动下，矿商自发加入理事会，通过投注的方式共同投票，形成分布式数据共识。PoS 的主要思想是，获得节点记账权的难度与节点持有的股权成反比。与 PoW 相比，它在一定程度上减少了数学运算带来的资源消耗，因此提高了性能。但目前仍以散列运算为基础，采用竞合记账权的方式，管理不力，容错与 PoW 相同。根据每个节点的令牌比例和时间比例等降低挖掘难度，加快随机数的查找速度。

四、区块链的模型架构

区块链的模型架构分为六层：数据层、网络层、共识层、激励层、合约层和应用层，如图 1-7 所示。

1. 数据层

数据层用来说明区块链的物理形态。区块链系统设计者和技术人员首先建立一个名为“创建区块”的起始节点，然后需要制定统一的规则，如区块的大小，在这个规则下不断产生符合这个规则的区块，块与块相连接

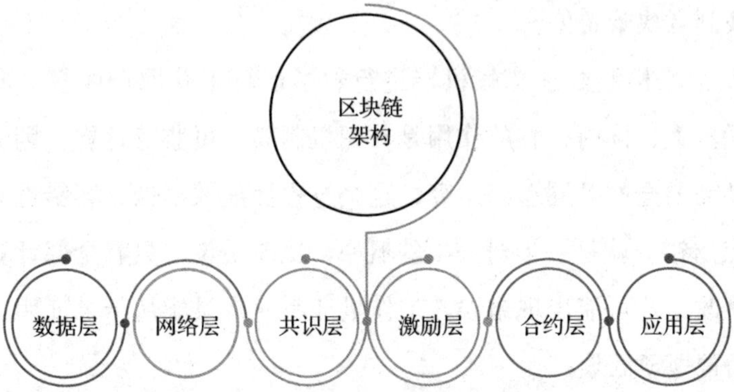

图 1-7　区块链的模型架构

就形成了一个链。随着链越来越长，块越来越多，整个链将永远延伸下去。每个块的形成还包括许多技术和标准，例如，时间戳技术，以确保每个块按同一个时间计算方式（如北斗授时时间）相连接；加密函数，按照同一个加密算法，以保证信息得以验证。

2. 网络层

我们知道，区块链是节点式的，每个计算机都是一个节点，网络层的主要目的是实现区块链网络中节点之间的信息交流。区块链网络本质上是一个点对点的网络，每个节点都是来验证信息并且可以发布新的信息的。每个节点都可以创造一个新的块，在新的块被创建之后，它的信息将发送给其他节点，并且通知其他节点对该块进行验证。当整个区块链网络中超过 51% 的用户通过验证后，这个新区块就可以添加到主链上了。

3. 共识层

高度分散的节点有效性达成共识需要一个协议，也就是一个统一的标准。区块链中常见的共识机制有两种：工作量证明和权益证明。

4. 激励层

激励层的主要功能是提供一定的激励措施，鼓励节点主动地参与区块链的安全验证。我们知道，验证区块和传输信息都需要节点消耗一定的资源，当没有奖励的时候，就没有人去进行工作，区块链也就不能延伸下去，为了提高积极性，就需要为参与的节点提供奖励，这个奖励就是产生一定的酬劳。

5. 合约层

合约层主要是指脚本代码、算法机制和智能合约。以数字货币为例，数字货币是一种可编程的货币。封装在合约层的脚本中指定了数字货币交易过程中涉及的交易模式和各种细节。

6. 应用层

应用层封装了区块链的各种应用场景和案例，如基于区块链的跨境支付平台 OKlink，以及各种应用，随着区块链概念逐渐深入人心，越来越多地与传统经济模式的嫁接出现在应用层，应用层才是技术无限拓展的主战场，我们希望在技术沉淀以后，应用层能够出现无限的疆域。

五、区块链的类型

区块链大致分为三种基本类型，如图 1-8 所示。

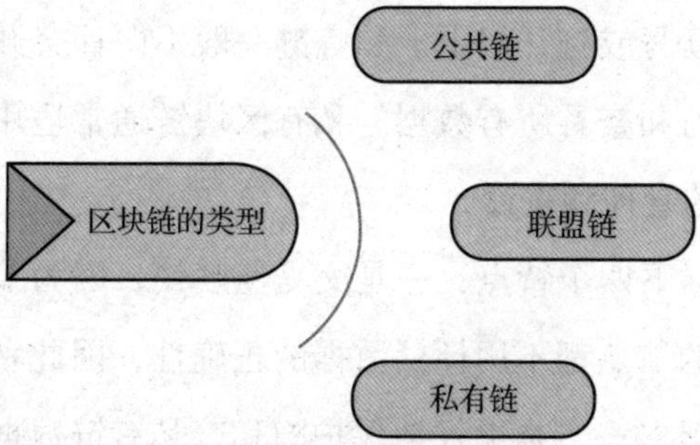

图 1-8　区块链的类型

1. 公共链

顾名思义，公共链就是公共的链，公共的就是公开的，面向无差别的人开放，谁都可以用，谁都可以看，谁都可以添加，谁都可以参与。在公共链上，世界上的任何计算机都可以参与区块链计算、读取、新建。当然，都必须下载并同步所有的记录才可以使用，这也造成了新的困难，如数字货币的数据越来越多，存储量也越来越大。

2. 联盟链

联盟链就是一个联盟制作的链，有联盟就有成员，就有加入的资格，就有盟主，就有一定的特殊规则。在联盟链中，每个参与的节点都是成员，每个节点的权限可以完全相同，也可以有稍微的差异，只要在联盟链上，不同的节点都可以进行事务的参与和信息的互换。例如，不同的超市建设了一个联盟，通过线下的联盟来控制会员或者节点，审核加入联盟链的资质，进入联盟链以后，即使不同的超市，都可以相信另一个参与者，也就是具有相同业务或者诉求的同行，可以进行信息的交换或者互认。

3. 私有链

私有链是指写入权限仅在一个节点手中的区块链。顾名思义，就是私有的，一个人的或者一个组织的。在这个链中，只有一个节点可以写入数据，目的是限制读写或打开权限。私有链一般不向社会开放，但是获得许可的节点可以参与和查看所有数据。私有区块链通常适用于大型的、特殊机构的内部数据的管理和审计。

私有链具有以下四个特点：一是交易速度快，因为节点直接具有较高的信任度，所有的节点都不用怀疑数据的正确性，因此私有链的事务处理速度比公共链快得多；二是更好地保护隐私，私有链数据是私人的，社会外部不会获得信息，更无法进行篡改；三是交易成本大大降低，因为它的运算速度非常快，非常适合同一个机构信息的传输和记录；四是有助于保护信息，如一些金融机构采用私有链，在全球范围内的分行、支行网点进行部署，既能保证信息传递，又不影响原来的业务系统。

第三节　区块链的商业模式

不同的商业模式决定了企业的不同命运，成功的企业更需要成功的商业模式。区块链最大的特点就是去中心化，而传统互联网巨头几乎都是靠中心化的商业模式来盈利的，那么，区块链如何实现盈利呢？区块链商业模式的核心在于，利用区块链引入的创新属性，与传统行业应用相结合，实现商业逻辑的重构，以便创造新的应用场景，或提升效率、降低成本。区块链作为一项技术，其盈利模式一定是转化为产品或者服务。

一、区块链分布式商业模式

这种模式实际上是在互联网商业模式的基础上深化的，从网络式到分布式，这从根本上是源于网络商业模式存在的问题。互联网商业模式又称平台模式，是基于网络平台的巨大流量，形成高度集中、强垄断的网络利益体系。如Facebook、微信、支付宝、京东、阿里巴巴、Twitter、百度搜索等控制着数亿用户的信息，以及数亿条产业链关系。一方面，这种垄断不利于市场竞争。例如，这些平台控制用户数据并“杀熟”用户，平台间的恶性竞争损害了用户的利益。另一方面，如此庞大的网络平台一旦发生信息泄露或安全事故，后果将不堪设想。

互联网曾经给人们带来了很多美好的憧憬，但现在巨人们正在做他们作为信托的事情。打破这种过度集中的网络体系，重构一个开放、透明、分布式、人人共享的网络已经成为一种新趋势。这种分布式的权力、责任和利益结构实际上是一种区块链商业模式。

区块链分布式商业模式，主要有降维、分布式、权益分解三大特征，如图1-9所示。

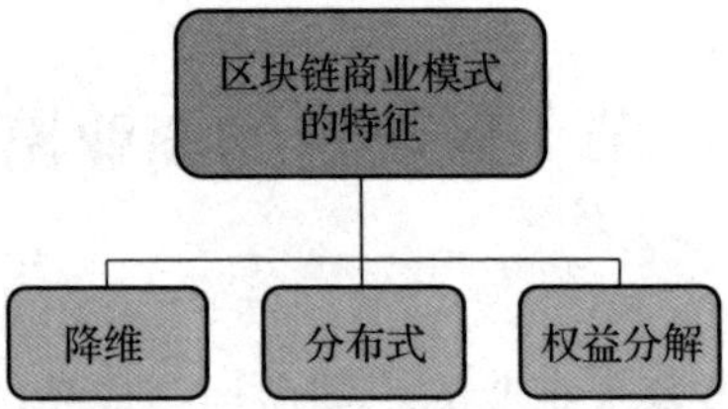

图1-9　区块链商业模式的特征

1. 降维

传统的商业模式是高维的，信息极其不对称。例如，汽车制造商屏蔽了消费者对汽车制造成本和技术含量的依赖，企业通过信息不对称获取利润。互联网商业模式处于中纬度地区，平台掌握所有的用户信息，所有的利益相关者都在平台上相互关联。看上去这个平台对每个人都是公平的，事实上，不同的用户拥有不同的信息和权限。

区块链分布式商业模式是一种低纬度的商业模式，大大降低了互联网和传统商业模式的维度，体现在信息对称、开放透明、权力平等、取消集中式平台、所有用户同级交易等方面。例如，支付宝是互联网业务模式，支付宝平台拥有数亿用户的信息，所有交易都必须通过支付宝结算中心办理，支付宝有权干涉其异常转账，有权修改规则并按照既定规则收取费用，用户只能被动服从。因此，支付宝与用户的关系是集权与服从的关系。数字货币网络可以理解为支付宝系统在区块链上的并行迁移，它是一个非集中的点对点支付系统。数字货币网络中没有集中的结算系统，结算和记账只能在所有节点的共同参与下完成。其规则交易由代码固化，信息公开透明，节点的参与权、记账权和收益权平等，具有高度信任的特点。数字货币网络与每个节点之间的关系是相辅相成的，缺一不可。如果数字货币网络离开了节点验证，支付系统将无法运行。

2. 分布式

降维解决了原有集中式组织与用户之间的不平等关系，但一旦降维，如何处理水平面上庞大的用户（节点）关系是区块链商业模式的核心。在人人为中心、人人为节点的分布式网络中，在权责平等的基础上通过公平竞争获取利益，符合自由市场竞争的特点。例如，在商品追溯体系中，每个节点都是平等的成员，信息不受任何一方控制，权力平等，责任和利益分工明确。

权力分配在商业模式中起着激励作用。在传统商业模式和互联网商业模式下，容易出现不正当竞争，损害了主体参与的积极性。例如，在拍卖市场上，由于信息不透明，很难避免权力寻租和合谋。在区块链网络中，每个节点以分布式的方式存在，在透明的信息环境中参与竞争。因此，区块链分布式商业模式符合市场规律，可以促进市场机制，提高市场的激励效果。

3. 权益分解

股权分解或许是区块链分布式商业模式中最大的创新。所有权一般包括占有权、使用权、收益权和处分权。在传统的商业模式中，产权的转让一般包括这四项权利的一并转让，而产权的租赁只是使用权的转让，所有权人保留占有权、收益权和处分权。在互联网商业模式下，所有权开始出现明显的分化。用户享有大量互联网产品的使用权，但没有占有权、收益权和处分权。管理权与用户关系不大，只与少数众包产品相关。

在区块链分布式商业模式中，所有权与占有、使用、收益和处置有很大程度的分离，所有权与运营和决策权也有很大程度的分离。操作和决策权（部分）掌握在普通用户手中。在区块链网络中，持有区块链记账权就享有区块链网络未来的收益权，但不具有占有权。节点具有结算、记账的权限。区块链网络不能离开节点的参与权。例如，投资者购买股票，就享有了上市公司的股权，包括占有权、使用权、收益权和处置权，但他们没有管理权，大多数人没有决策权。当然，在权利、责任和利益体系上还存在很多问题。由于投资者没有所有权，很多区块链项目的权益无法得到保障。

这种权益的分解导致原有的权责利关系发生变化，从而形成新的商业模式。在分布式商业模式中，项目所有者、管理者、决策者、用户和受益人是分离和相互依赖的。理想状态可能是用益物权人（持有人）承担高风险，通过货币市场获利，业主通过项目利润获利，但用益物权人通过参与经营决策降低收益风险。

区块链分布式的商业模式还有很大的发展空间，其中最关键的是如何构建规范的货币市场来保护用益物权人的利益。在这种商业模式下，风险可以转移，收入分配可以良性，权利、责任、利益可以更加明确。

专栏 1-3

紫鑫药业布局“区块链＋大健康”

1. 公司概况

吉林紫鑫药业有限公司（以下简称紫鑫药业）是吉林省的重点企业，在深圳证交所上市。公司成立历史悠久，在 1998 年 5 月开始发力于医药产业，以中成药、人参、基因测序仪三大产业为支柱，拥有科研、育种、制造、销售为一体的全产业链产品。

经过 20 多年的发展，公司已经成为大型的企业集团，在全球范围内，拥有 10 多家子公司、2000 多名员工，2020 年的总市值近百亿元。公司先后荣获“中国高新技术企业”“中国农业产业化重点龙头企业”“全国医药百强企业”“全国重合同守信用企业”等称号，“紫鑫”商标已经成为世界驰名商标。

2019年，紫鑫药业营业收入突破14亿元，公司正处于发展的高速期。

2. 布局“区块链＋大健康”

紫鑫药业一直致力于高科技在医药领域的运用，为了加快区块链技术在本领域的应用，紫鑫药业与北京链火信息签署了战略合作框架协议。合作框架的内容非常广泛，涵盖“区块链＋大健康”产业整体解决方案。

在这个方案中，使区块链技术与传统医疗、基因测序产业相结合，对于特别热的区块链溯源，该方案也有特别说明，使人参产业这个高值产品能够做到公开的溯源。在方案中，双方不仅仅是项目的合作，还包括资金支持、研发合作、实验室孵化器建设、学术研究交流会的组织和启动形式等。

具体而言，由紫鑫药业建立一个联盟链，参加联盟链中的所有节点通过概念证明共识机制（POC）的共同管理和维护。这是北京链火信息在吉林省建设的第一个基于区块链技术的稀有中草药（尤其是人参）追溯数据平台，通过强强联合，联盟链平台在上传者授权和政府监管下，通过信息共享，完成人参、中医药等珍稀农产品的全程追溯。

进一步来说，紫鑫药业将利用区块链技术，形成信息共享机制，管理中成药全产业链的可追溯性，形成从原料、运输、加工、成品全产业链的可追溯性，建立中成药上下游全产业链管理模式，完善有效的“长臂管理”机制，促进中成药产业的健康发展。

此外，紫鑫药业还计划将区块链技术与人参种植相结合，将溯源技术的信息源应用于公司整个业务板块，特别是林下人参的原产、种植、浇灌、施肥等可追溯管理，进一步突出人参产业的价值投资属性，对未来人参产业特别是人参种植业务的发展起到积极的推动作用。充分利用双方的技术、产品、渠道等资源优势，进一步提高上市公司实力和综合竞争力，推动公司完善在全国乃至全球的战略布局。

3. 北京链火信息

北京链火信息是全球领先的数字资产金融服务提供商，是火币集团的旗下产业，火币集团致力于为用户提供安全、专业、诚信、优质的区块链行业服务。北京链火信息以建立全球数字资产生态系统为目标，先后在全球多个地方成立了专业服务团队，为130多个国家的用户提供数字资产金融相关服务。

北京链火信息业务涵盖交易所、钱包、投资、HT生态、基金、孵化器、矿池、信息研究院八大模块，初步形成了门类齐全、业态丰富的数字资产金融服务产业链。目前，链火信息已经建立了很多业务模块，如火币信息（北京）、火币区块链研究院（上海）、火币研发中心（北京）、火币区块链创新研究院等。

资料来源：笔者根据多方资料整理而成。

二、区块链商业模式与五大属性结合

区块链具有交易属性（价值属性）、存证属性、信任属性、智能属性、溯源属性五大核心属性，如图1-10所示。五大核心属性与行业的需求相结合，以解决行业痛点问题，将成为区块链在各行业应用的商业模式。

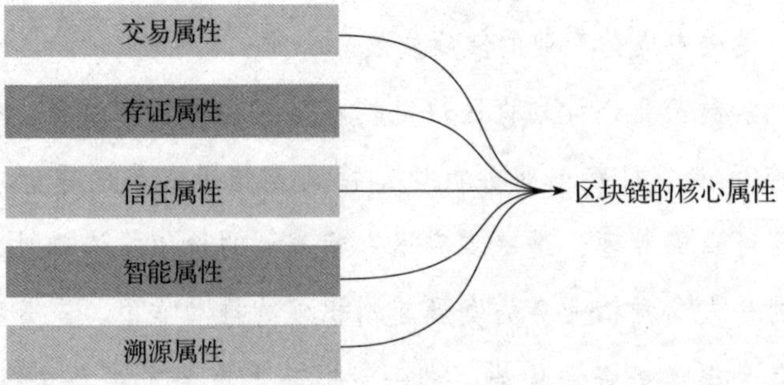

图1-10　区块链的核心属性

1. 交易属性："区块链 + 跨境支付"

Okcoin 是 Oklink 的应用，Oklink 是基于区块链技术的新一代全球金融网络，也是中国第一个商业区块链应用，致力于提升全球价值的传递效率，改善全球汇款的用户体验。申请已覆盖 20 多个国家和地区，主要客户为全球中小金融参与者，包括银行、汇款公司和互联网金融平台，月交易额上千万美元。

传统的跨境汇款周期长、费用高。Oklink 基于区块链技术进行跨境汇款，使用户能够在分散机制下以更低的成本和更快的速度完成跨境转账。Oklink 使用区块链技术，允许汇款人和收款人直接支付和结算，节省所有中间成本。全网只收取不超过中间汇率 0.5% 的费用，不存在隐性成本，保证收款人能收到约定金额。

Oklink 的合作伙伴可以公开查询他们参与的交易，所有交易都可以追踪。Oklink 使用的区块链技术可以确保交易不被伪造或篡改。其基于区块链的全球金融汇款网络，可以实现实时的支付和结算，使国际小额汇款和发送电子邮件一样简单快捷。

2. 存证属性："区块链 + 存证"

众签成立于 2013 年，是中国最早的安全电子合同服务机构。公司成立于清华大学，在电子合同行业拥有十多年的经验和技术积累。众签参与编写了《电子合同基本信息规范》《旅游电子商务电子合同基本信息规范》等电子合同相关标准。2013 年以来，众签服务于银联商务、人人贷、酷狗音乐、国家电网、海底捞等多个行业的知名企业。

提供电子合同签订服务的集中化第三方平台将面临一个问题，即如果公司破产了，应该怎样做才能保留所有的证据？为了解决这种"尖锐"的内生需求，众签将注意力转向了区块链。基于区块链本身的存证属性，单个机构的失败不会影响数据的真实性和可靠性。传统的集中式证书存储对中央服务器的依赖性很强，容易受到黑客的攻击，数据容易丢失。而区块链技术可以实现电子数据（电子合同）的分布式证书存储。分布式证书存储由于数据存储在多个节点上，即使一个节点受到攻击或出现故障，也不会影响整个系统的正常运行。这正好可以解决电子合同本身的痛点，帮助众签形成了一个完整的解决方案，创造一个可信的网络数字经济合同环境。众签与清华大学电子商务交易技术国家工程实验室相结合，推出了中国区块链 BLASH 基础服务联盟——“众链”，旨在构建联盟区块链进行电子数据证书存储，为客户提供电子合同证书存储和发放服务。

同时，为保证电子合同的司法执行，众签与司法鉴定、公证等部门达成合作，为客户提供司法鉴定报告、公证书等法律文件，并与中国广州仲裁委员会制度相联系。客户可以在线提交仲裁申请，并通过电子合同的快速仲裁渠道。

3. 信任属性：“区块链 + 信任”

区块链是一个信任机器。如果我们细化区块链的信任，主要有两个方面：一是数据不能被篡改；二是智能合约的自动执行。

如果数据不能被篡改，那么数据本身就具有可信性。基于这一特点，区块链的数据可以被法院作为证据，这已经成为现实。

区块链上的数据是公开透明的，每个人都可以随时查看和查询。如果区块链成为未来的主流，那么大量的数据将在链上，并将具有公开透明的特点。这样，我们的数据源和数据维度就大得多，可能会增加几个数量级。这个时候，数据确实是大数据。

智能合约的主要特点是自动执行。此外，区块链是分散的，不受任何一方控制。此时，智能合约不仅自动执行，而且强制执行。如果双方在签订合同时都有相应的抵押，基本上是完全可信的。

区块链的防篡改功能和智能合约的自动执行为我们提供了一套完全不同的信用，这就是区块链被称为信任机器的原因。

4. 智能属性："区块链＋智能农场"

据 agfunder 新闻报道，许多分布式账本农业解决方案正在出现，创造了"智能农场"的概念。在区块链的平台上，用户可以使用智能农场技术来构建可靠的农场基础设施。所谓智能农场，是一种可持续的农业生产模式，它可以改善环境质量，将科学技术与生物循环调节相结合，通过农场经营创造经济价值。使用区块链技术的农场可以播放防篡改的气象数据、短信提醒、机械协议、GPS（全球定位系统）定位，并从其他相关平台获取更准确的信息。

业内人士在解释区块链在促进农业经济发展方面的潜力时指出，消费者对"干净"食品（包括有机食品）的需求急剧增加，但在从农场到餐桌的生产过程中，生产商和制造商通常很难保证数据的准确性。区块链在这个问题上会有很大的帮助。此外，区块链技术在农业中的实际应用还包括减少不公平定价、记录产品原产地、减少进口农产品的影响和发展本地化经济。未来，区块链平台还可以帮助向农村地区汇款，并提供农业金融解决方案。

区块链技术正显示出改变全球市场和经济产业的潜力，农业将是其中之一。

5. 溯源属性："区块链＋可追溯"

沃尔玛宣布，从 2019 年 9 月起，沃尔玛连锁超市和山姆俱乐部将要求新鲜绿叶蔬菜供应商使用 IBM 开发的分布式账本，对产品进行实时端到端追溯。这意味着超过 100 家企业将不得不使用 IBM 的区块链服务。

专栏 1-4

纸贵科技：区块链技术重塑版权价值

在 2018 国际区块链大会上，CORE 中国开放资源入口首次公开亮相。

参与 CORE 项目开发部署的纸贵科技，是区块链领域的先行者。2018 年，纸贵区块链技术版图不断扩张：发布了自主研发的区块链云服务平台 Zig-BaaS，联合天水市政府运用区块链溯源技术，打造了全国首例区块链苹果“天水链苹”，发布了自己的白皮书。

1. 公司概况

西安纸贵网络科技有限公司（以下简称纸贵科技）成立于 2016 年，是工业和信息化部中国信通院可信区块链联盟理事成员，超级账本 Hyperledger 正式成员。融资阶段为天使轮，注册资本为 1274.42 万元。纸贵科技是一家为用户提供版权登记、快速维权及法律咨询等的一站式互联网版权服务企业。纸贵科技创始人兼 CEO 唐凌：2018 福布斯榜单“亚洲 30 岁以下杰出青年”（Forbes 30 Under 30 Asia）、清华大学经管学院区块链金融研究中心理事、西安交通大学区块链技术与法律创新研究实验室发起人、APEC 未来学院顾问委员会委员、丝绸之路创新设计联盟专家组成员。

2. 专注于区块链服务

纸贵科技专注于区块链技术与产品创新，联合西安交通大学等国内顶尖学府推出了两大“区块链 +”实验室和两大研究中心，现已完成专利申请、软件著作申请合计 20 余项，涉及区块链系统架构、跨链处理方案、安全监控与运维等核心领域。专业的全行业区块链解决方案服务商，为全行业提供定制化的企业级区块链解决方案；纸贵区块链云服务平台 Zig–BaaS，提供区块链应用开发、部署、测试和监控的整套解决方案；始终深耕文化行业，通过区块链技术保护版权、重塑版权价值。目前，凭借全球化战略布局和强大的区块链技术团队，纸贵科技已成长为具有国际视野的互联网企业。

3. 区块链技术重塑版权价值

纸贵科技深耕文化行业，通过区块链技术保护版权、重塑版权价值，并与陕西省版权局、杭州市之江公证处合作，提供版权数据存证、在线公证、侵权监测、法律维权、IP 孵化的全生态服务，以实现赋能文化行业的愿景。

在中心化内容管理机制的背景下，永远是大流量 IP，成熟的内容创作者抢占了绝大部分资源，新晋的创作者没有得到足够重视，小 IP 很难突围。现在整个文化行业生态和基础设施仍不健全，对价值的挖掘、创造、流动效能不足，除了极少数头部 IP 外，大量的优质 IP 是被沉淀下来的，潜力并未被充分发掘。公司试图通过区块链技术，提供低门槛的保护，搭建全球化的 IP 孵化平台，让原创者与读者直接交流，实现内容的全球化流通传播，并基于区块链智能合约技术，实现孵化权益的分配，保障原创者利益，更好地推动文化行业发展，让沉默的优质 IP 更加自由流通。公司现有 1000 多名编剧、作家、摄影师，还有网络大 V 等内容创作者入驻，其中第一位用户——知名作家贾平凹在纸贵科技上登记了《秦腔》《白夜》《古炉》《腊月·正月》等十三部作品。如今的纸贵科技，在线登记作品已超过百万，数据库储量达 500 多万，公司估值已达数亿元。团队分布在北京、西安、杭州、武汉、首尔、新加坡、伦敦、东京等地。

4. 盈利模式及未来规划

纸贵科技提供给 B 端用户的企业级区块链解决方案是主要的收入来源，但也正在探索更多的商业模式。此外，纸贵科技与西安交通大学知识产权研究中心成立了全国首个“区块链技术与法律创新研究实验室”，与西安交通大学电子与信息工程学院、量子链基金会联合成立了“西安交通大学智能区块链技术研究实验室”；联合西安电子科技大学通信工程学院成立了“西安电子科技大学区块链应用与评测研究中心”；联合清华大学经济管理学院成立了“清华大学经管学院区块链金融研究中心”，为区块链技术发展提供了强大的研发力量。文化创意产业在全球经济中的占比逐年增长，随着我国在世界上影响力的不断扩大，中国文化正在迈向全球，成为世界多元文化的重要一极。中国文化产业出海难免遭遇权属不清、资金不足、运营乏力、影响力狭小等问题，纸贵科技一直在探索能够颠覆全球文创产业的新模式，以区块链为底层构建一个全新的生态，从而保护文化产业在海外的正当权益，为我国文化出海保驾护航，同时促进全球文化的更大发展。

资料来源：笔者根据多方资料整理而成。

第四节　区块链的技术痛点与未来发展

随着信息互联网向价值互联网的重要转型，在区块链各种应用场景不断爆发的今天，区块链底层技术的痛点是制约其发展和应用的关键。权威研究机构 Gartner 估计，到 2030 年，区块链技术将产生 1.76 万亿至 3.1 万亿美元的商业价值。

一、区块链的技术痛点

尽管区块链有众多的应用场景和广阔的发展前景，但它的发展仍然受到其缺点的制约。区块链系统的安全性不仅仅取决于区块链算法本身，从代码实现到契约逻辑，再到配套设施，当区块链技术从白皮书中走出来，扎根到一个真正的技术中时，它将面临更多的问题。根据水桶理论，一只水桶能装多少水并不取决于最长的那块木板，而是取决于最短的那块木板。

具体来说，目前区块链技术在发展过程中面临的痛点主要集中在性能约束、智能合约、共识机制、计算与存储、网络建设等方面。接下来，让我们逐一分析这些痛点。

1. 对性能有许多关键的限制，这些限制随着技术的发展而不断变化

区块链技术自诞生以来，区块链性能问题一直是业界关注的核心问

题。具体来说，影响区块链技术的指标主要包括以下四个方面。第一，出块时间：区块生成的时间间隔。第二，区块大小：单个区块的实际存储容量。第三，事务执行速度：单个请求的处理时间。对于包含智能合约的请求，执行速度还受智能合约执行时间的影响。第四，交易规模：区块链中存储的交易数据的实际规模。

在区块链技术发展的不同阶段，其性能约束也不相同。例如，在区块链 1.0 时代的交易系统中，主要的性能约束是区块大小和出块时间。在区块链 2.0 时代的智能合约系统中，除了区块大小和出块时间外，CPU 的计算效率也成为性能的制约因素。

2. 智能合约随着时间的推移而变化，并在不断发展

在 Band Stand 2、EthUM 的时代，作为一个基于单链架构的通用智能合约系统，所有的智能合约都是在一个链上运行的，这为人们构建基于智能合约的丰富多彩的价值网络奠定了基础。然而，智能合约并不是孤立的，它的表现也不尽如人意，它所提供的固态语言设计无法与主流编程语言相比。

然而，在区块链 3.0 时代，智能合约不断发展。DApp 是一个基于区块链的应用程序，基于丰富的智能合约构建，能够提供有价值的、可靠的信息和服务。与移动应用需要目标公司的信用做背书不同，DApp 的信用背书主要由区块链完成，区块链具有更大的优势。然而，要真正发挥智能合约的价值，DApp 的操作独立性和开发方便性这两个技术问题还需要进一步解决。

3. 共识机制是区块链的核心，需要根据实际应用场景有针对性地定制

共识机制作为区块链的核心，是让分散在世界各地的节点通过某种机制达成一致，这是实现区块链分散化的关键。目前常用的共识机制有 PoW、PoS、PBFT 等，但它们只针对特定场景且存在一些不足。例如，

PBFT 适合联盟网络的共享账本技术、PoW 能耗高、PoS 存在恶意干扰的可能性。

因此，在新一代区块链共识机制的设计过程中，有必要根据实际应用场景，选择分散化、节能、安全的设计原则，在一些原则的强弱之间进行权衡，这将在一定程度上提高系统的整体运行效率。目前，可插拔共识机制可能是未来发展的主要方向。这样就可以兼容多种共识算法，从而在实际业务落地中有选择性地使用最合适的共识机制，甚至整个网络都有能力让开发者定制共识机制。

4. 计算和存储难以突破瓶颈

在目前的区块链技术解决方案中，单机存储和计算的瓶颈仍无法打破，甚至单机多核计算和多盘存储也无法得到很好的利用。这限制了区块链的整体性能和可伸缩性，而性能和可伸缩性是用户体验的基础。

就计算而言，区块链的计算量还是非常有限的，能够执行的功能也比较简单；在存储层面，随着区块链的不断发展，对存储的需求也越来越高，区块链中数据的存储成本极其昂贵。可以说，存储和计算的突破是未来区块链技术能否真正得到普及的关键。

5. 网络面临两大难题：平台技术和区块链建设

在区块链技术的基础设施层，计算、存储和网络是支撑其上层应用的三驾马车。与计算和存储的弹性扩张不同，网络层面主要面临两大难题：平台技术和区块链建设。其中，在平台技术方面包括两个难点：基于比特币公共链平台实现 DApp 和基于以太坊公共链平台实现 DApp。这主要是因为 DApp 对于网络建设和技术实施的门槛非常高，无论是公共链平台还是智能合约都难以支撑。

在区块链建设层面，公共链的建设难度很大，利益纠纷明显。在传统区块链公共链的建设中，需要大量的电子设备和电力消耗，有的公共网络的建立需要强大的社区运作和资源支持。如果每个 DApp 都必须建立自己的公共链，那么对开发者来说将是一个巨大的挑战。

二、区块链的产业发展

2017 年，全球区块链市场规模达到 4.12 亿美元。“区块链即服务”的应用范围不断扩大，随着区块链的市场价值不断上升、业务流程不断简化、透明度和安全性不断提高，区块链市场的增长速度将得到较大的提高。

互联网数据中心（Internet Data Center，IDC）预测 2022 年全球区块链解决方案市场规模将达到 117 亿美元，年均复合增长率为 120%，在预测期内，区块链支出将保持强劲增长，2017—2022 年复合年增长率为 73.2%，从市场规模来看，在预测期内，美国是全球区块链投资最大的地区，占全球支出的 36%。西欧、中国、亚太地区（不包括中国和日本）和加拿大排名第二至第五。此外，据权威研究机构高德纳（Gartner）预测，到 2030 年，区块链技术将产生 1.76 万亿至 3.1 万亿美元的商业价值，世界经济论坛创始人克劳斯·施瓦布（Klaus Schwab）表示，到 2025 年，区块链技术将存储全球 GDP 总量的 10%。因此，区块链产业还有很大的发展空间。

2021 年，国家工业和信息化部发布了《2020 中国区块链白皮书》，指出中国区块链产业生态已初步形成并正在高速地发展，在各种领域都有了领导企业或者尝试型企业，不仅有以区块链技术为主业的公司，还有向区块链技术转型的公司。总体来看，区块链产业呈现以下特点。

第一，行业快速发展，涉区块链的公司数量快速增加。截至 2020 年 12 月底，我国以区块链为主营业务的公司已达 882 家，几乎各个省市均有了区块链公司，区块链产业规模已经出现萌芽，并且规模初步形成。从我国新成立的区块链公司的数量变化来看，2014 年是区块链元年，该领域的公司数量开始增加，到 2016 年，新成立的区块链公司数量大幅增加，超过了 100 家，是 2015 年的 3 倍多。2017 年是近年来区块链创业的顶点，由于区块链概念的迅速普及和技术的逐渐成熟，因此许多企业家涌入了这一领域，新成立的公司有 178 家。2014—2020 年我国新成立的区块链公司数量如图 1-11 所示。

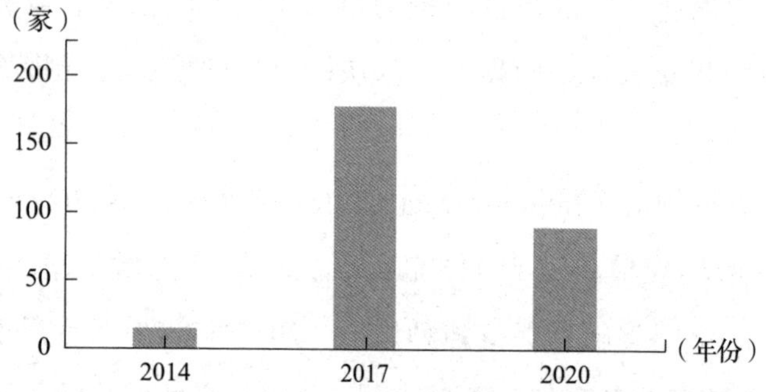

图 1-11　2014—2020 年我国新成立的区块链公司数量

第二，从装备制造到产业应用，区块链产业链的脉络逐渐清晰。目前，中国的区块链产业链已经形成，从上游的硬件制造、平台服务和安全服务，到下游的产业技术应用服务，再到产业投融资、媒体和人才服务保障，公司各领域工作已基本完成，协调有序，共同推动行业不断进步。从区块链行业新成立公司的分布来看，截至 2020 年 3 月底，区块链行业应用公司数量最多，其中为金融业提供应用服务的企业有 146 家，为实体经济提供应用服务的企业有 309 家。此外，区块链解决方案、底层平台、区块链媒体和社区的相关公司超过了 80 家。中国区块链产业细分领域企业数量如图 1-12 所示。

第三，互联网大厂的涌入迅速搅动了中国区块链产业江湖的野蛮式发展。当前，区块链技术不仅受到初创企业的青睐，各种产业巨头也将目光聚焦区块链。互联网大厂进局，纷纷发布区块链产品，引发大量的互联网公司的跟风效应。目前，腾讯、阿里巴巴、百度、京东等互联网龙头企业纷纷发布区块链技术的产品和场景应用。

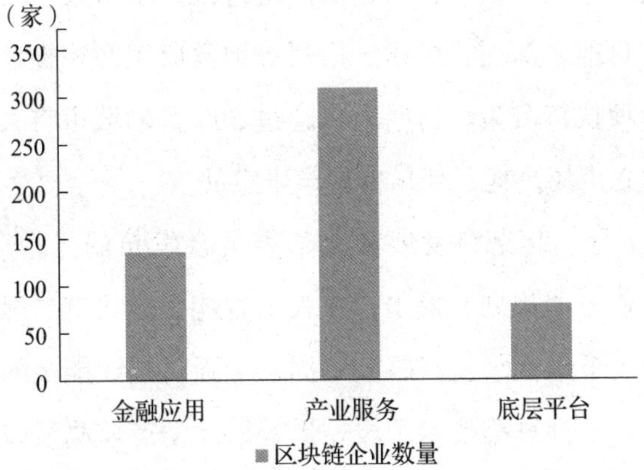

图 1-12　中国区块链产业细分领域企业数量

三、区块链的红利时代已经开启

在中国，区块链红利时代已经开始。2016 年以来，区块链不仅受到了广泛关注，而且开始上升到国家层面。2016 年年底，“区块链”首次写入了国家信息化“十三五”规划。2017 年，国务院在四个文件中提到了区块链。2017 年年初，中国人民银行推进的基于区块链的数字票据交易平台测试成功。2018 年 5 月 28 日，习近平在中国科学院第十九次院士大会、中国工程院第十四次院士大会上的讲话中提到了“区块链”。2019 年 10 月 24 日，中共中央政治局就区块链技术发展现状和趋势进行第十八次集体学习。

在这个风口，抓住机遇的企业将迎来业务流程优化和产品创新，帮助提升自身价值。在《中华人民共和国国民经济和社会发展第十三个五年规划纲要》中，国家信息化、区块链、大数据、人工智能机器深度学习等新技术已成为全国布局的重点。2017 年 6 月，中国人民银行发布《中国金融业信息技术“十三五”发展规划》，明确提出要积极推进区块链、人工智能等新技术的应用。中国人民银行正在进行国家数字货币试点，区块链也是其技术之一。地方政府，特别是沿海地区，纷纷设立了区块链实验点和研究机构。目前，深圳、杭州、广州等地政府正在积极建立区块链开发区，并给予专项扶持政策。这些人口超过 500 万的城市将大力推进区块链创新，逐一建立市场高地，开拓中国未来空间。

2021 年 11 月，北京市发展和改革委员会发布的《北京市“十四五”时期现代服务业发展规划》提出，在人工智能、区块链、绿色金融等领域培育形成 3 ～ 5 个千亿级新兴服务集群，加强科技赋能金融监管，运用大数据、区块链、云计算等技术手段，提升风险动态监测科技水平，逐步建立金融风险综合监测指数体系，打造国家金融风险监控中心。“要推动区块链开源创新及应用。聚焦区块链高性能、安全性、隐私保护、可扩展性等方向，加强关键共性技术攻关，推进标准体系制定，实现自主可控和持续迭代升级。推动长安链开源底层技术平台和长安链技术体系等重大项目建设，构建区块链与先进技术支撑服务 BaaS 平台、统一数字身份认证平台等关键基础性数字化平台。推进长安链生态联盟建设，加快区块链和人工智能、大数据、物联网等前沿信息技术的集成创新。推动区块链技术与数字经济、民生保障、智慧城市等深度融合，拓展政务服务、金融服务等典型场景，构建适应城市发展需要的区块链应用体系”。

随着大数据发展的积累、计算机计算能力的不断提高、网络社会的不断复杂化和多样化，区块链在未来社会中的作用或许难以预测，但对于当今社会生活方式的颠覆性思想变革，区块链是一个不争的事实。区块链的定义将不再重要，重要的是如何将区块链技术融入我们的生活，造福所有人。区块链极客发展了我们对新网络社会的理解，只有调动所有人的智慧共同推广这项技术，区块链才能服务于整个社会。

章末案例

远光软件：布局区块链业务

1. 公司概况

远光软件股份有限公司（以下简称远光软件）是一家在深圳证券交易所上市的公司。公司聚焦于特大型集团企业管理软件的研究、开发、咨询、实施和服务，是国家火炬计划重点高新技术企业（国家科学技术部认定），连续11年入选“国家重点软件企业”。

2. 布局区块链业务

2015年设立区块链研究实验室之后，远光软件就针对“可信电子证照应用”“公益资源交易平台”“资金管理创新”“数据安全共享”“电子票据”等领域的应用场景，依托自有的区块链技术平台，开展了一系列区块链技术的研究和实验。其中，电子票据业务以“联盟链”为应用环境，通过“智能合约”实现票据系统的各业务功能。

2017年，远光软件成立了区块链应用事业部，专门从事区块链产品的技术应用和市场推广，通过多年的技术积累，已拥有了多个成熟的业务场景解决方案，主要通过区块链、大数据、物联网等技术和自主创新研发的底层平台，结合公司能源互联网的发展方向，针对电力行业的“发、输、配、售、用”做了一系列的工作，并在购售电云合同解决方案、以电网为结算主体的电费结算私有链研究、电价智能合约与电力市场电费结算方案、电网企业私有链平台及应用场景研究等开展了关键技术研发工作，且已取得了初步成果。

同时，为搭建产业技术联盟，引领能源互联网产学研联合发展方向，提升公司在区块链领域的行业影响力，公司先后成为中关村区块链产业联盟、中国区块链技术创新与应用联盟、中国电子学会区块链专委会等多个区块链技术与应用联盟的发起单位，并担任了相应职务。公司还积极参与区块链技术研究和专利布局，先后在核心学术期刊发表多篇文章，申请提交多项创新应用专利，并获得了多个行业奖项。

3. 探索区块链等技术在产业链等场景中的应用

（1）远光区块链应用服务平台。远光区块链应用服务平台，采用面向服务的分布式架构，作为区块链产品的支撑平台，不仅提供了区块链应用开发的底层环境，同时也为分布式集团管理产品的使用提供了技术支持。平台基于远光软件多年的区块链技术积累，针对集团客户的管理习惯和业务特点，吸收了几代区块链公链及超级账本的技术优势，形成了适应客户、适应于企业应用环境的共识机制、核心算法、安全体系和管理组件，可为政府及企业的区块链技术应用提供一站式服务。

平台的应用范围不仅涵盖分布式能源交易、分布式光伏结算、微电网、电动汽车、供应链金融、电子资产证券化、资金管理、物资供应链、资产全寿命周期管理等集团管理及能源互联领域，还提供了基于区块链技术的可信电子证照、电子合同、电子票据、电子档案、公益资源交易、爱心互助等数据存证服务和社会互联服务。

（2）基于区块链技术的能源交易平台。能源互联平台即能源交易平台，致力于让售电主体和电力用户通过该交易平台进行市场化的能源交易。远光软件基于30多年能源管理信息化的服务经验，紧抓“互联网+智慧能源”、电力体制改革等时代机遇，聚焦区块链的能源互联网信息基础架构关键技术，研发推出“区块链+能源”互联平台，通过区块链与互联网的协同，力求实现能源流、信息流和资金流“三流”合一。该平台未来将广泛应用于分布式能源交易、碳排放权交易、车联网应用、需求侧相应、多能协同、能源金融、能源激励、绿色证书等业务场景。远光区块链能源平台架构如图 1-13 所示。

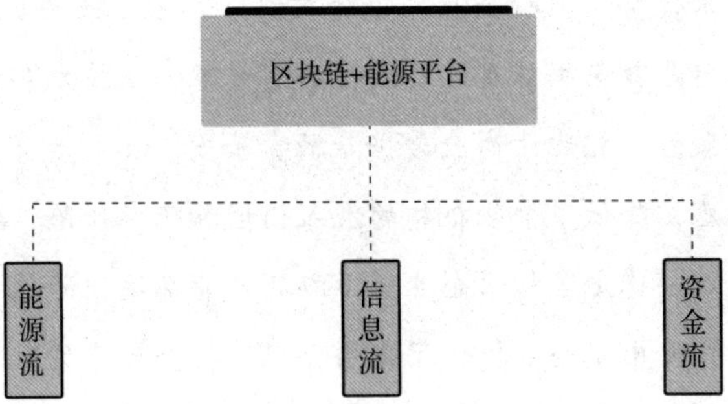

图 1-13　远光区块链能源平台架构

（3）区块链证件管家。身份安全认证管理的主要载体是电子证照。远光软件基于区块链安全可信的特质，采用区块链技术来存储、调用用户的生物数据，大大提高了用户身份认证的安全性、可靠性、合规性，减少了社会上大量存在的身份信息泄露、违法违规使用等乱象。

远光“区块链＋身份认证”是一站式的解决方案，同时可满足个体用户和政府管理两个层面的需求。个体用户可在移动端安装“证件管家”App，随时查看、调用个人证件。这里的证件是电子化的个人证件，以证件图像码的形式展现。对于政府单位，远光软件提供的“电子证照的查验和发证系统”，通过区块链平台进行居民身份证件的管理，助力国家电子政务进程。

4. 基于区块链技术的供应链金融平台

远光区块链的供应链金融平台目前发布的是 1.0 版本。其可满足核心企业供应商的保理业务需求，也可支持核心企业经销商的存货融资。该平台借助区块链技术的信任优势，改进了融资模式，以特大型、大型集团企业及金融机构为核心，以核心企业的信用为担保，将企业的应付账款（供应商的应收账款）转化成数字化的债权凭证，实现债权的线上流转。供应商与保理商之间、供应商与供应商之间、保理商与再保理商之间可灵活地进行数字凭证的拆分及转让，实现供应商应收账款的线上流转与融资。通过联盟链的技术优势，核心企业、金融机构、交易关联方多方记账，可保障核心企业应付账款数据信息的真实性和有效性，从技术层面降低金融机构对外融资的风险。相比于商业票据等融资手段，其灵活可拆分，不需借助银行的票据池，降低了金融机构的准入门槛和账务风险，提高了银行及金融机构的收入，稳定了核心企业上下游的产业环境，降低了核心企业的管理成本，为广大中小企业提供了合法合规、安全可靠的融资渠道。在我国鼓励产融结合、降低中小企业融资成本的大背景下，具有非凡的意义。

资料来源：笔者根据多方资料整理而成。

本章小结

本章探讨了区块链的基本概念、区块链的发展历程、区块链的商业模式和区块链技术存在的商业问题。通过概述，使区块链整个产业的架构有一个清晰的脉络。

本章对于区块链技术比较突出的应用，如数字货币和智能合约、区块链的商业发展模式等进行了举例说明。区块链技术与数字经济的结合，很多大型机构已经开始使用，但是，整个行业的问题仍然突出，区块链应用属于探索阶段、初级阶段。

第二章

货币与支付数字化转型：数字货币

金融行业的数字化，首先拉开了数字化经济的序幕，相比传统产业，金融行业更加注重效率和速度，金融行业也更加标准化，因此，货币与支付的手段相比，传统产业更能接受数字化经济带来的时代变革，从传统的实物货币、纸币到数字货币，通过支付宝、微信支付等大型机构带来的推广和普及，数字支付已经被社会普遍接受。在支付手段数字化的同时，区块链技术对货币和支付的改变也在同时进行。在大量交易的同时，大数据与区块链的联系也越来越紧密。

区块链发展趋势成为未来信息基础设施的"细腰"，需要解决以下三大问题。

一是构建创新环境，在尊重区块链成长规律的基础上，以成长性构造、适应性演化的方式，实现区块链的规范、健康发展。二是要映射好数字世界与物理世界之间的关系，构建出数字社会的新伦理体系。三是研究区块链中通证（Token）的价值特性，分析区块链数字货币对货币体系影响，实现数据流与价值流的融合，建立数字化资产的价值流转体系。

——清华大学教授、

中国电子学会区块链分会副主任委员　尹　浩

开章案例

科蓝软件：区块链技术在金融行业应用的思考与实践

区块链具有分散性、数据不可变性和永久可追溯性的特点，通过全网分布式计费和共识认证建立共识数据库，可以解决不同节点间的信任问题，从而打破数据孤岛，使数据信息在短时间内产生更大的影响，因此，区块链技术具有与银行业相适应的天然能力。银行发展的本质是通过各种手段解决发展过程中的风险，风险源于各方的不信任，不信任源于信息的不一致，信息的不一致源于信息的缺失或失真。区块链技术能够解决信息不对称和信息失真的问题，这就是区块链与金融结合的巨大价值。

作为一项对未来有深远影响的技术，区块链正在加速向中国银行业渗透，众多银行机构竞相加入区块链技术的新路径，区块链可以为银行的扩张和创新提供有效的支持，目前，区块链银行的应用案例主要集中在供应链金融、跨境支付、开放银行等领域。

1. 公司概况

北京科蓝软件系统有限公司（以下简称科蓝软件），于 1999 年 12 月正式成立，注册地为北京经济技术开发区。它是由华尔街金融专家和硅谷技术精英组建的高科技企业，专业从事金融软件产品的应用开发和咨询服务。公司现有员工 5000 余人，在北京、上海、浙江、成都、深圳、香港等地设有分公司、研发中心或合资企业。管理团队由多年从事金融系统管理的专家和业内资深 IT 技术和金融业务专家组成。

在数字时代，随着大数据、云计算、区块链、人工智能等技术的快速发展，科蓝软件始终坚持高研发投入，通过内部研发和外部收购，成功地构建了符合新时代金融科技高要求、高可靠性、安全性、稳定性、易用性的生态整体解决方案综合服务体系。

2. 科蓝软件进入区块链应用的规划

科蓝软件是中国第一家将区块链技术应用于银行场景的金融科技公司，在“区块链 + 金融”领域长期布局，积累了丰富的经验。2017 年，科蓝软件与贵阳农村商业银行共建并推出了区块链数字权益平台；2018 年，科蓝软件为金融机构票据业务开发了区块链应用。2019 年，为应对手机银行、网上银行等网上金融交易领域的大量法律纠纷，科蓝软件与国家信息中心电子数据认证中心联合推出了“电子认证 + 安全认证”可信解决方案。在非银行领域，科蓝软件接手长治高新区区块链产业项目创建，推出了供应链金融解决方案、区块链综合解决方案。

3. 典型案例

2017 年，科蓝软件与贵阳农村商业银行携手共建并推出了区块链数字权益平台。通过构建基于区块链技术的分布式账本，升级新的互联网核心系统，成功实现了数字版权与银行账户的有效协同，实现了普惠金融账户和资金的准确分配；通过独立应用渠道的开发和配套互联网自助终端系统的建设，构建了完整的数字股权交易系统场景。2017 年 8 月 31 日，平台成功完成首次系统上线，成为国内首个按照分层设计思路构建的银行区块链数字股权系统。

在此基础上，基于区块链数字权益平台，贵阳市农村商业协会与贵阳市清镇市政府正式联合发布“诚信家庭”服务体系。该服务基于“身份链”和“数字权益”，实现了基于“身份链”技术的诚信管理，解决了农户之间的信任问题；通过区块链技术对参与合作社的合同进行权利确认和证书保管，确保其真实性和可篡改性；通过数字权益，实现了农民地租的安全高效的支付、提取、跟踪、凭证存储和发放。

一般来说，信任系统是通过加密算法、解密算法、时间戳等一系列数学方法来实现的，因此区块链技术最重要的特征就是信任价值的凸显。基于分布式簿记、集体合约和智能共识等机制，分散化的特征尤为突出。它现在被认为是最好的去中心化创新和数字信任，许多经济学家认为区块链是下一个“信任机器”。

资料来源：笔者根据多方资料整理而成。

近年来，区块链的话题性越来越火热，大多数人最直接接触和了解区块链的方式是通过数字货币，尤其是中国人民银行发行的数字货币。之所以区块链在货币中的创新可以让大家如此兴奋，是因为数字货币的出现可以说是对整个货币体系造成了巨大的变革，本章我们将从货币的本质，再到货币的发展历史，探讨区块链对于货币的创新及改革。同时，随着交易越来越频繁，大数据成为重要的金融资产，大数据与区块链的结合也越来越紧密。

第一节　货币的本质

一、货币的概念

亚当·斯密在经济巨作《国富论》中详细地概括了在18世纪经济学货币理论的崛起，使人类对于货币的本质有了一个基本的了解，其在书中描述了货币可以有效地降低交易成本、提高交易效率。而马克思在《资本论》中写道，货币与商品的本质相同，是一种充当等价物的商品。这些关于货币的理论对整个西方社会乃至世界的资本主义都起到了深刻的影响。在中国传统的货币理论中，货币的本质是与商品相同的等价物，但随着历史的进展，以及人类对货币更加深刻的了解，其本质作用在于为人类交易提供一个信任的桥梁。在现代经济学中，不同的商品能够为人们提供不同的使用价值，我们需要一种通用的价值代表物来恒定物品的价值，使得我们能够一起来为某件物品进行定价。

货币流通的前提在于每个使用它的人能够达成一种共识：认可其价值。在此基础上，货币便可应用亚当·斯密的货币思想理论，让大众更加便捷、自由地进行交易活动。

伴随着世界经济技术的快速发展，在过去的100年中，我们见证了：中国经济的腾飞；欧元货币区的成立，欧盟国家开始实行单一货币体系；近20年中互联网大时代的来临和电子货币的出现，种种迹象都在告诉我们属于货币的新时代正在进行时。货币的本质问题重新回到了大众的视野里，下面将带领大家从货币的诞生出发探索货币的本质，同时展望在技术革新的背景下，区块链将如何赋能货币。区块链赋能支付技术如图2-1所示。

图2-1　区块链赋能支付技术

专栏2-1

高伟达：金融IT供应商

1. 公司概况

高伟达成立于1998年，并于2015年上市。在过去的20年中，高伟达主要为银行、保险和证券等金融机构提供IT服务，已成为中国领先的金融信息服务提供商之一。

高伟达在信贷、核心业务、客户关系管理等领域具有完整的产品设计和强大的竞争力。公司的银行信息技术业务主要提供软件开发服务、信息技术运维和系统集成服务。

2. 银行业系统开始分布式转型

如今，银行信息技术主要基于集中式架构，一台或多台大型计算机构成一个中央节点。整个系统的数据和业务量集中部署在中央节点上，所有系统功能均集中处理。该体系结构基于IBM大型机，不能独立控制，其核心软件是具有集中、专有和封闭特性的封闭源商业系统。为了处理高性能的和更大的数据量，需要基本的软硬件套件和机制，因此操作和维护IT或扩展需求的成本非常昂贵。

分布式体系结构在可伸缩性、价格和成本方面具有主要优势。分布式技术平台支持微服务架构、核心系统批处理等。分布式中间件平台是用于开发和操作应用程序的平台，为该平台的在线交易和捆绑操作提供支持、集成的开发、运营和维护平台。实现了从应用程序代码收集、单元测试、打包、运行和维护的全过程管理。

在互联网和移动银行的背景下，存在向分布式银行发展的总体趋势。互联网行业的特点是大量请求和大量数据的特征，并且每天可能会出现平均流量许多倍的业务高峰期，这对架构的可伸缩性提出了极高的要求。因此，架构迁移是大势所趋。

3. 公司应用区块链技术

高伟达紧紧抓住银行的分布式转型机遇，提供区块链技术的解决方案。高伟达是中国建设银行金融技术的主要供应商之一，参与了中国建设银行下一代系统的综合研究、开发和实施，目前是中国建设银行重要的合作伙伴之一，业界也期待高伟达的区块链系统能够在中国的银行业得到推广和应用。

资料来源：笔者根据多方资料整理而成。

二、货币的产生和发展

为了解货币的本质，我们从货币的发展历程去尝试解析不同时期科技的发展、人类的需求对于货币所产生的影响。我们大致将货币的发展历程分为三个阶段：物物交换阶段、纸币与电子货币阶段及数字货币阶段，如图 2-2 所示。

图 2-2　货币的发展阶段

1. 物物交换阶段

在远古时期，交易通常都是用以物换物的方式进行，人们会将自己的劳动所得与他人的收获进行置换，来获取自己所需的物品。例如，农民会种植麦子，使用麦子来交换手工艺者生产出来的生活用具，社会会随着不同货物不同时期的供应需求量来改变不同物品的交易价值。在这种体系下所存在的问题在于，不同人对于不同物品的需求程度和价值的认可程度不同，从而导致了定价的不明确，好比农民认为自己所生产出来的麦子价值更高，每千克麦子可以换到一个杯子，而手工艺者却认为两千克麦子才能交换到一个杯子。以物换物的方式其实本质上就是把每个人的劳动所得或生产出来的物品当成一种“货币”，每个人都能够拥有其专属的货币，再用该货币与他人进行交易，这也是货币的雏形，甚至到了 19 世纪末，大部分经济学家都认可商品货币这一定义，认为货币本质上就是一种特殊的商品。

很快这种以物换物的模式就得到了更新，因为可以想象到不同的人都使用不同的“货币”，在交易的过程中就存在着对物品价值认知的偏差，好比在某个小村庄里，每个村民都使用着不同种类的货币，每次交易过程中都需要重新计算“汇率”，这就会导致交易效率低下。所以，人类开始试着使用一些更具代表性、价值较为恒定的等价物充当交易的媒介，如黄金、白银等金属货币，特别是黄金自带的稀缺性和商品优越性，使之在很长的一段时间内成了在世界上通用的货币。

这个阶段也被称为实物货币阶段，人们通过出售自己生产的产品或个人劳动力来获取有价值的商品，即黄金、白银等金属制品，但人们并不是真正需要这类物品，从根本上更看重的是这类货币所带来的购买力，所以说货币其实就是一种媒介，并无实际价值，其本身的价值是附着在大众均对该货币认可所带来的换取其他商品的能力，这也就是货币的本质，其能够为人们带来产生购买力的信用。

2. 纸币与电子货币阶段

在 1971 年之前，世界上绝大部分国家采用的是金本位制，希望通过该制度来保持货币价值的稳定性，可以参照在第二次世界大战后所建立的布雷顿森林体系，其核心内容包括：将美元与黄金挂钩，其他国家的货币与美元挂钩，通过政府的市场干预形成固定的兑换汇率。在这一大背景下，大部分国家的资产储备是黄金，通过调整国家黄金与货币的比例从而锚定对应的汇率指标。

20 世纪 60 年代发生的美元金融危机，美国的财政赤字和通货膨胀率严重加剧，从而导致布雷顿森林体系崩塌。从此，黄金不再是货币的标志，也宣布了货币与实物商品完全脱离关系，人类开始迈入货币的新时代——信用货币时代。

信用货币时代也就是我们当下正在经历的过程，其中的体现方式主要有两种：各国政府所发行的纸币及由银行、支付宝和微信等运营商生成的无形货币，这一种方式是对货币的拥有权进行进一步的拓展，人们不再通过拥有货币来展示对资产的拥有权，而是以高科技电子的形式记录资产。

3. 数字货币阶段

根据现代宏观经济学的学说，货币存在的意义在于其可以给人们提供一种交易的方式，可以帮助人们完成支付这一动作，脱离了交易的价值，货币本身并没有什么实际的用途。

从上文我们了解到，货币从诞生开始，从物物交换阶段，再到后来的纸币与电子货币阶段，每个阶段货币所产生的创新都与时代的革新及技术的发展紧密相连，是根据当时经济活动发展演化而来的，特别是数字货币的诞生，它是基于一系列独特的技术架构所构建的。其研发是利用数字创造出来的一个开源代码软件协议，任何人都可以使用这个协议，且每个交易都是公开透明的，无法被伪造和改变。同时，所有的交易都会通过网络验证并且记录，保证了交易的安全性。

在社会经济发展的大背景下，不管货币产生的原因是什么，终极目的都是提高支付的便捷性，而支付的便捷性为人们架起了信任的桥梁，而这个信任的桥梁却在很长一段时间内成为人们无法逾越的鸿沟。通过区块链及加密技术等数字方法来提升大家对支付的信任，其本身就具备了货币最基本的交易职能。同时，在纸质货币和电子货币的基础上，其添加了一个透明性。

2020 年的相关调查报告显示，在超过 20 个发达国家及 45 个新兴经济体中，中央银行已经开始积极探索数字货币对整个经济体系所带来的影响。例如，中国人民银行已经开始在推广数字货币的使用，国家以及央行对数字货币的重视程度也说明了数字货币未来的发展性。

三、货币的属性

货币具有价值尺度、支付手段、贮藏手段三个属性，如图 2-3 所示。

图 2-3　货币的属性

1. 价值尺度

价值尺度指的是可以衡量物品价值的尺度，包括在物物交换的时期，每个物品的价值都是通过可以物化的劳动来衡量其价值的。而货币的出现是因为他们需要共同使用一个商品来衡量不同物品的价值，也就是每个人生产不同物品的价值，而这个物品就是我们常说的货币。所以说，货币是其赋予每一个商品共同的价值尺度。尺度的作用在于其价值衡量，且明确衡量单位，因为作为价值尺度，首先需要确定的是每单位的价值是多少，所以货币在实际生活中作为一种间接确定价值单位的方法。例如，黄金本身的重量并不是其价值的单位，如果一克黄金可以换到一把椅子，这并不代表一克黄金的价值含量跟一把椅子的价值含量是一样的。回到我们最初对货币的理解，货币是通过物化劳动价值所得出来的，挖出一克黄金的劳动价值与制作一把椅子的劳动价值并不一定是相同的，所以货币商品的本质是为大众提供一个价值参考的尺度而已。因为客观来讲，不同的人对于不同商品的定义及其价值的理解不同，不同物品的价值在独立量化时所产生的效应对不同的人也不同。从古至今，无论是作为货币的牛羊还是黄金，其价值并不是黄金作为首饰的价值，以及牛羊作为食物的价值，而更多的是表现在进行交换时所体现的价值，而这种价值需要通过长期稳定的交易及物品的分配所产生。

2. 支付手段

货币存在的意义在于其能够代表相应的价值，可以说货币本身就是价值的提升。人们可以通过货币所有权的转移来确定价值的转移。

而这种转移在现代更像一种交易，而这也就是支付的一个过程，包括在高速发展的数字货币领域，通过将这种支付手段透明化及数字化来提高支付手段的便捷性及透明性。货币作为交易的媒介，提供了一种支付的手段，其中包含了两方面的内容：一是在货物交易的过程中将货物交付到购买方的手上，即出售的过程；二是货币转移的过程，即付款的过程。这时货币所承担的就是支付手段的职能，这也同时体现了货币存在的必要性。

3. 贮藏手段

贮藏手段指的是货币在某一时间内及某一地点能得到保值的作用。例如，某一国家的货币在流通的过程中，如果因为通货膨胀等导致其价值不稳定，其本身就失去了货币的价值贮藏意义。例如，美元之所以可以成为当今世界上最主流的货币主要是美元具有贮藏手段，目前世界上大部分大宗商品都是以美元进行结算的，所以也保证了美元价值的稳定性，这也是货币价值贮藏的作用之一。数字货币作为价值的载体，无论是货币在交易的过程中还是被人储藏起来，都会具有价值贮藏的意义，或者说是货币的本质。

四、货币的本质要求

货币的作用在于其能够适应不同时代经济社会发展的需求，其作用的延伸也是根据不同背景下的需求所诞生的，与其说人类创造了货币，不如说货币的进步是在各类经济活动的推动下产生的。那么，货币的以下特性能够满足大众对于货币的需求，如图 2-4 所示。

首先，货币需要具备稳定性，这里的稳定性不仅是指价值稳定，同时也需要发行方的货币政策等的一致。一般来说，通过供需平衡的调节就能保持某种商品价值的稳定。比如，黄金之所以成为人们所信任的货币，就在于其供应量的有限及短缺，人们相信在一定时间内黄金的产量并不会有

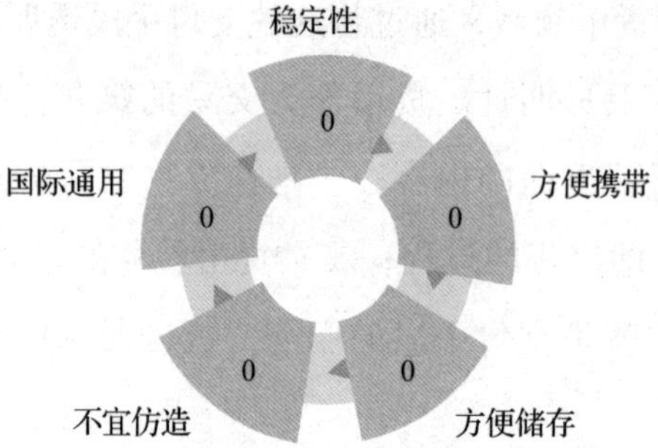

图 2-4　货币的特性

井喷式的发展。但是，随着科技手段的进步，人们慢慢发现黄金产量上升的速度逐渐变快从而导致了其价值的不稳定性。不同国家所发行的货币都是由该地区或国家的央行发行的，通常央行都会根据不同时间段和经济背景下实行量化宽松政策或量化紧缩政策。因此，我们所说的稳定性也包括政策的稳定性，中央银行能否在正确的时间段对市场货币实行正确的货币政策来保证货币的稳定性，这也是提升大众对于该货币信心的方法。

其次，货币需要拥有方便携带、方便储存及不宜仿造的特性。从实物货币向金属货币的转换最重要的原因是相较于普通商品货币，金属货币更加方便携带，因本身所具备的稀缺性使其价值得到保证，同时金属本身的特性是很难造成破损和不易腐烂。综上所述，我们可以看出站在交易成本的角度，通过金属货币进行交易可以大大降低交易成本，人们携带金属货币交易时，也更加容易储存和携带。由于金属货币的专业性十分高，从而使其难以复制，这也增强了货币的购买力信用。而从金属货币再到纸币和电子货币，电子货币最大的优点在于其容易分割，上述我们曾说过制作金属货币是一项技术性很强的工作，所以分割货币成了难题，这也是电子货币为这个世界带来的便捷性。

最后，货币必须能够受到世界各地的广泛认可，在国际上能够通用。货币能够得到社会上广泛认可，才能够实现其本身所代表的价值，回到黄金为什么能成为货币，其原因在于大家都能够认可它的价值，使黄金在世界各地都能够通用。现在大部分国家的货币的购买信用力与金属货币不同，其购买信用力是间接的，最初纸质货币的信用力是因为人们相信可以通过纸质货币在发行的银行随时兑换到金属货币，另外就是金属货币提供给纸质货币的信用力。货币的国际流通属性极为重要，代表了货币在世界任何一个角落都有购买力。

再回到我们最初讨论的区块链技术之中，在区块链技术引领下的数字货币之所以在近年来如此火爆，是因为其特质涵盖了上述所有货币的优点。第一，金属货币因为其稀缺性，保证了其价值的稳定性，中国发行的数字人民币因为有国家做背书，不能随意增发，也保证了它的稳定性。第二，从纸质货币迈入电子货币的过程中，电子货币的一大优点就是其更加容易分割和便于携带、储存，数字货币将这一优点再进一步提升，数字货币会通过区块链技术，将每个人所拥有的数字货币实时更新记录在公示的网络上，我们可以在不携带硬件的条件下在任何一个角落恢复数据；在分割方面，理论上数字货币可以无限分割。第三，数字货币的国际流通性，由区块链所形成的去中心化账本，在世界的每一个角落都实时记录着数字货币的数额，我们可以通过数字货币与不同国家的人直接交易，不需要再通过任何一个国家的代币进行结算。

总的来说，当前大众对货币的流通速度和交易的便捷性的要求更高了，数字货币具有历史上所有货币的优点，同时弥补了之前无论是电子货币还是金属货币的缺点。根据时代对于货币的要求，数字货币带给了我们对其无限可能性的想象，纵使目前看来，人们对其能为我们带来的实际用处还了解不深，但是我们坚信在不远的未来，数字货币将成为主流的货币形态。

专栏 2-2

广电运通：区块链赋能智慧惠民生态

2019 年 4 月，广电运通宣布，其旗下区块链公司广州运通链达金服科技有限公司成功签署合同，将通过自主研发的区块链技术优化计量行业的检验检测、质量控制等流程。这也标志着全国性的计量行业首个区块链应用案例诞生。

1. 公司概况

广电运通创立于1999年，是国有控股的高科技上市企业，广电运通的主营业务涵盖广泛，包括金融、交通、政务、文旅等。

新一代科技革命正在萌发，公司积极转型，把人工智能、大数据、区块链等技术作为研发的关键，全面布局场景、数据、算法及算力四大人工智能要素，积极构建面向企业竞争力，聚焦智能金融、智能交通、智能安全、智能便民四大领域，科技赋能传统产业升级。

2. 投资设立区块链科技公司

2018年5月21日，广电运通公告称，子公司运通信息参与投资设立区块链科技公司，并取得了营业执照。公告称，广电运通全资子公司运通信息与北京区块链云科技公司、绿谷联盟高科技公司共同投资设立广州广电运通区块链科技公司，注册资本1000万元。其中，运通信息出资450万元，持有45%股权，区块链云、绿谷联盟分别持股30%、25%。

广电运通表示，公司业务范围涵盖智能金融、智能安全、智能交通、智能便民等领域，新成立的运通区块链科技公司将结合广电运通的传统优势，自主研发区块链行业应用底层平台。新设立的区块链科技公司将以区块链技术等为技术立足点，以最快的速度进入“区块链+”及“区块链+供应链金融”服务市场，其中“区块链+”包括智能物流及无人零售等。

运通区块链科技公司的成立标志着其正式步入区块链的地盘。其实，早在2016年，广电运通便开始致力于区块链技术的研究，为今天的这一步棋提前做好了部署，次年5月组建了广东省虚拟数字与区块链技术工程研究中心并在9月通过了科技厅认定。2018年1月，广电运通收购了互联网软件与服务公司信义科技85%的股权；2月，又收购应用软件公司中科江南46%的股权；3月，开始在网站上高薪招聘区块链开发工程师。

广电运通不仅是广东省早一批开展区块链技术研究的单位之一，还是广东省目前唯一获得认证的区块链技术研究中心，并且在已经发布的2017年年报及业绩快报的33家公司中，广电运通在2017年实现净利润8.99亿元，同比增长8.1%，营业总收入为44.5亿元，同比增长0.6%。

3. 发布《运通链白皮书》，区块链赋能智慧惠民生态

2018年10月9日，广东省电子信息行业协会第四届三次会员代表大会成功召开。广电运通旗下广电运通区块链科技有限公司发布了《运通链白皮书》，将聚焦于智能设备的区块链应用，致力于构建一个全国独有的、服务于智能设备的区块链平台，为新零售、大文旅、大健康、新政务、新物流、新金融六大行业赋能。同时，广东省电子信息行业协会区块链专业委员会正式成立，运通区块链公司总经理邹均当选该专业委员会主任。区块链专业委员会将致力于通过搭建统一平台，推动区块链产业在广东省的发展。

该白皮书指出，区块链作为一项颠覆性技术，正在引领全球新一轮技术变革和产业变革，并有望成为全球技术创新和模式创新的“策源地”。但是现有的区块链系统在系统架构、共识机制、数据存储及交易效率等方面仍存在很多问题。如何解决这些“痛点”问题就成了业界的重点、难点。

根据《运通链白皮书》规划，运通链将依托智能设备和区块链技术，构建国内独有的智能设备混合链，在新零售、大文旅、大健康、新政务、新物流、新金融等领域，改善惠民生态中的分配机制和激励机制等生产关系格局，提升惠民生态中各行业的生产、流通效率。

资料来源：笔者根据多方资料整理而成。

第二节　中国数字货币

DC/EP 的全称为 Digital Currency/Electronic Payment，是由中国人民银行基于区块链技术推出的一种全新的加密电子货币（DIGICCY）。这种以数据为载体的法定用币（CBDC）由中央银行作为信用担保，与人民币是 1∶1 兑换，现已在深圳、雄安新区、苏州、成都等地区进行试点测试。

2021 年 11 月，《国务院关于支持北京城市副中心高质量发展的意见》提到，规划建设北京城市副中心，与河北雄安新区形成北京新的两翼，是以习近平同志为核心的党中央做出的重大决策部署，是千年大计、国家大事。其中，特别提到，支持北京副中心建设数字货币的推广试点，“支持金融科技创新发展，加快推进法定数字货币试点，做好金融科技创新监管工具实施工作，支持大型银行等依法设立数字人民币运营实体，支持符合条件的银行参与直销银行试点，探索建设数字资产交易场所”。又一次将数字货币的建设推向战略定位。

上述我们提到了基于中国人民银行发行的 DC/EP 与人民币的汇率是锚定为 1∶1 兑换，非常多的人对 DC/EP 的概念非常模糊，既然其价值与人民币相同，那其与微信和支付宝的余额、现金人民币有什么区别呢？

首先，平时我们所使用的支付宝、微信里的货币与纸币等现金是一样的，都属于由国家发行的法定货币，而最简单的理解 DC/EP 的方式就是其是电子化的现金货币，将我们提到的法定货币转换成电子化的形式。其中最大的区别在于：从货币的统计口径上看，央行数字货币属于 M0，即现金的范畴；而余额宝和微信里的资金本质上是非存款类金融机构存款，属于 M2 范畴。与此同时，相较于传统的货币，DC/EP 在法律上的安全程度更高，其拥有与数字货币相同的特性。同时，相比之下，又存在着巨大的区别，主要体现在两个方面。

第一，DC/EP 非常稳定，市场上每多出一个单位的 DC/EP，发行方就需要缴纳相应的保证金。以中国人民银行最近发行的 DC/EP 为例，发行方为我国央行，所以央行需要缴纳所有的保证金，背后有着我国央行的担保，可以将其看成中国的主权货币；DC/EP 与人民币汇率锚定，使得我们在使用电子化货币交易时不需要担心货币价格的波动。DC/EP 的特点如图 2-5 所示。

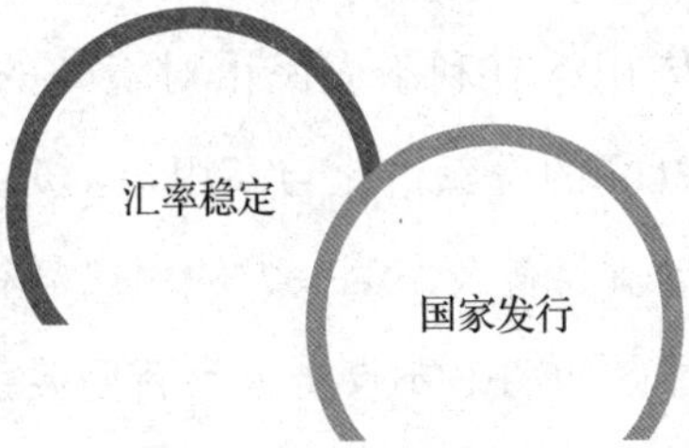

图 2-5　DC/EP 的特点

第二，DC/EP 的运营体系也存在较大的差异，在大众需要购买 DC/EP 的时候，央行会先把数字货币兑换给银行或者其他运营机构，然后该机构再将 DC/EP 出售给大众。所以说，DC/EP 是由我国央行发行的，是主权货币。

其次，我国对法定数字货币的研究已有了长达 7 年，最近一年开始正式走进群众的生活。DC/EP 作为第一套主权数字货币，同时兼备去账户化和高保障性两个显著特征，如图 2-6 所示。其一，DC/EP 的发行和交易不会对银行余额进行数值调整，而是采用由中央银行作为主导监管的保障中介向各大银行发放数字货币，再由机构向个人数字账户发放 DC/EP 字符串的双层运营体系。除更高的安全性能外，过程将完全模拟纸币从银行中取出后的交易与流通模式，该智能钱包独立于现存银行机制体系，用户与用户的交易无须通过银行账户系统就能进行离线资金结算。其二，鉴于数字支付的低成本和高追踪性，DC/EP 会建立起新型的社会信用体系。DC/EP 将有效帮助国家精准地监管和调控货币的去向，对于打击洗钱、逃税、恐怖融资等违法犯罪活动有不容小觑的作用。

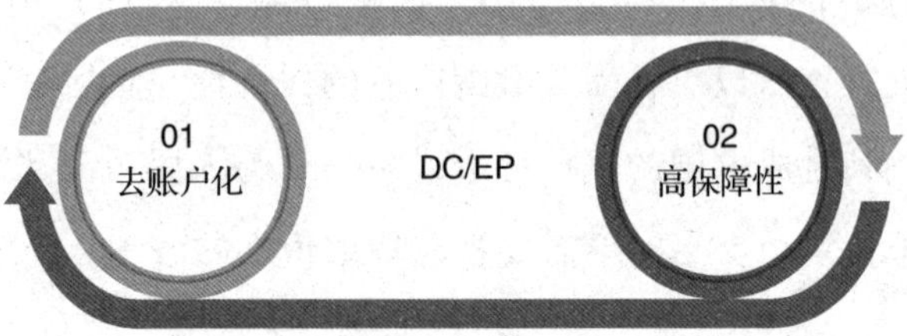

图 2-6　DC/EP 的显著特征

再次，DC/EP 的应用将有利于人民币对境外的推广与流通。通常来说，数字货币在国际社会的份额占比与高用户基数有着密不可分的联系，基于中国拥有全球移动支付普及率第一大的用户群和全球首个大规模推行数字货币的大型经济体，DC/EP 不仅将成为新型数字货币交易的模式，更是一种最大规模去地域限制的全球化的交易货币，美元现存的货币霸主地位将会为此受到新一轮的沉重打击。国际货币基金组织（IMF）2019 年的数据统计显示，美元在全球储备货币交易中占据的份额为 62%，原油、黄金、基本金属、农产品等国际大宗商品交易大部分都是以美元来结算的。这使美国可以通过大量印钞后产生的铸币税使其他国家的财富贬值，同时也帮助美国成功躲避并度过数次经济危机。众所周知，在过去，跨国转账必须经过国际资金支付清算系统进行代码的发送、接受和破解才能结算，过程由于跨行处理而效率低下，并且碍于美元的霸权地位，环球同业银行金融电讯协会（SWIFT）和纽约清算所银行同业支付系统（CHIPS）均在美国的控制下。DC/EP 可使以境外华语地区、“一带一路”沿线国家用户以及支持 DC/EP 推行的国家在进行跨国交易时无须再通过以美国为核心的银行和系统结算，直接钱包对钱包地完成交易。

最后，目前 DC/EP 所面临的挑战主要来自两个方面，如图 2-7 所示。

一是技术安全风险。所有的数字货币包括 DC/EP 都是以区块链技术为背景，从 DC/EP 的发行再到流通，都是基于区块链技术下的分布式记账技术，可以说区块链技术至今已经发展超过了 10 年，但距离大规模的应用在

图 2-7　DC/EP 的风险

技术上还有一段距离。目前，央行需要对每一笔通过 DC/EP 分布式记账法的交易进行记录和保存，这也会导致交易成本违背了数字货币的初衷——便捷与低成本，从侧面降低了交易的效率。

二是法律监管风险。当下，法律层面的监管仅存在于传统货币，对于数字货币的法律监管还需要完善，这也是为什么 DC/EP 推行之初受到了巨大的质疑。在以往对纸币的监管过程中，如果银行发现假币可以马上登记收缴，可是数字货币作为电子货币，其造假方式和监管方式也势必不同于传统货币。另外，一旦遭到黑客盗取或系统故障，损失将远远超过传统货币。

专栏 2-3

中国银联：建设区块链基础设施

1. 公司概况

2002 年 3 月，经中国人民银行批准，并且由国务院研究通过，开始组建中国银联，作为国家权威的金融结算支付机构，由中国银联中国印钞造币总公司、中国工商银行、中国农业银行、中国银行、中国建设银行和交通银行等国家权威银行发起，业务广泛的 85 家机构共同出资成立。中国银联主要负责建设和运营国家金融卡跨行信息交换，制定银行卡跨行交易业务规范和技术标准。

目前，中国银联受理网络已延伸至全球 180 个国家和地区，境内外成员机构超过2500家。

2. 银联与科技创新

为让普惠金融惠及更多居民，中国银联顺应时代潮流，紧跟技术发展趋势，深入应用金融科技，借力大数据、云计算、物联网、人工智能及区块链等新兴技术，创新支付发展，为产业各方提供全方位、多层次、立体化的支付清算服务，不断创新支付生态、拓宽支付场景，满足产业各方和用户的需要。

3. 区块链技术的应用

2019年10月15日，国家信息中心、中国移动通信集团公司、中国银联等在北京宣布，由六家具体单位共同设计并建设的区块链服务网络（BSN）正式内测发布。区块链服务网络的内测发布，是中国银联联合各方对打造行业一致认可并共同使用的区块链底层技术服务平台的一次探索，将推动区块链行业创新研究成果的技术转化、成果应用及产业布局，服务新型智慧城市、数字经济的建设发展。

区块链服务网络由国家信息中心进行顶层规划，中国银联和中国移动运用相关区块链技术及已有网络资源和数据中心进行自主研发并成功部署，是跨公网、跨地域、跨机构的全国性区块链服务基础设施平台。

除金融领域外，中国银联构建的区块链开放平台，还在为传统产业提供更为便捷、便宜、适用的区块链服务，如银联区块链三农溯源应用服务提供了一套完整的品牌运营解决方案，通过建立农产品溯源体系，为每个（批）产品提供唯一的溯源码，全程追踪产品从田间到餐桌的流向，以确保每个环节食品质量安全信息的透明可追溯，保障消费者权益，让消费者更放心。

资料来源：笔者根据多方资料整理而成。

第三节　大数据与区块链

一、金融消费大数据

从全球范围来看，很多企业或者专家学者都把大数据作为未来的核心竞争力，通过大数据，我们可以观察每个人的各种行为，例如，可以根据在电商平台的消费爱好、消费产品推算消费者的金融情况和个人生活情况，如某个人经常采购儿童奶粉、儿童玩具，就可以看出他家庭的需要，或者他的大概年龄，并且可以通过他购买产品的品质来看出他的经济情况。

同样，在医疗、保险、商业、教育、军事、科研等领域，大数据技术也正在如火如荼地应用着。事实上，百度、谷歌、腾讯、阿里巴巴等很多互联网公司更愿意将自己定位为数据企业。因为在信息时代，数据成为经营决策的强有力依据，给企业带来了发展和引领行业的机遇。

其中，金融大数据是最丰富的宝藏，因为金融交易是标准化的，而且金融支付手段也是标准化的，所以不同的金融机构积累的大数据在格式上、应用上都可以并联起来。

在大数据时代，我们可以通过大量的数据来对个人的消费进行引导，可以通过大数据对个人的金融进行设计，实现快速化的、精准化的交易，也可以通过大数据发现很多有趣的东西。甚至有很多人直言不讳地说，在大数据时代，每一个人都是一个数据的集合，拥有这个数据集合，就能控制这个人的行为。

在经济学上经常把投资、消费、出口比喻为拉动 GDP 增长的“三驾马车”，在投资增幅下降、出口动力不足的当下，消费却在快速增长，从而带动了经济的新一轮发展。

艾瑞咨询的相关数据显示，2013 年中国消费信贷规模为 13 万亿元，

2014 年为 15.4 万亿元，2015 年达到 19 万亿元，2020 年超过 41 万亿元，如图 2-8 所示。未来消费的地位还将进一步提高，现有的增速在未来几年内将不会放缓。

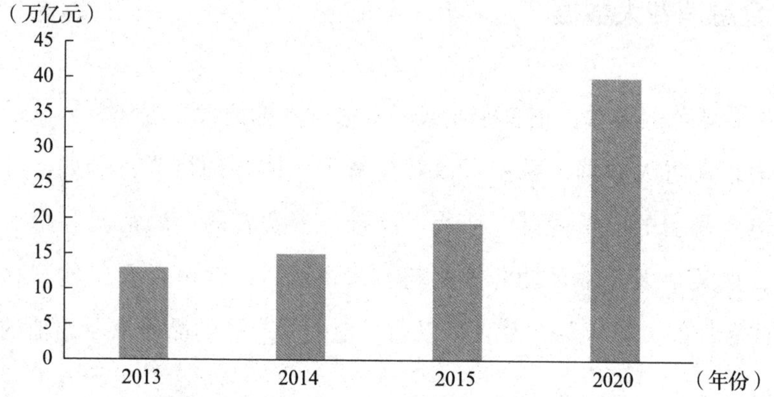

图 2-8　2013—2020 年中国消费信贷的规模增长

而消费对于经济增长的贡献度不断提升，也意味着在经过工业化高速发展之后，经济发展开始更多体现于居民福利、共享成果当中；也意味着消费金融的发展空间巨大，蓝海已经基本形成。

2016 年一季度，中国人民银行、银监会联合印发的《关于加大对新消费领域金融支持的指导意见》提出了一系列金融支持新消费领域的细化政策措施，加大了对新消费重点领域的金融支持。2016 年 6 月 10 日，国务院常务会议决定，放开消费金融的市场准入，将原来 16 个城市开展的消费金融公司试点扩大至全国，用来增加消费对经济的拉动力，国家大力发展消费金融，释放消费潜力，促进消费升级。多次的政策引导和发展消费金融业务的强调，为消费金融的江湖地位奠定了基础。

2015 年，随着中国人民银行《关于做好个人征信业务准备工作的通知》开放八家民间征信机构，我国的征信系统正式起航。配合着国家政策的支持及征信体系的逐步健全，消费金融“开闸”并扩至全国，促使银行业自身转型和互联网金融崛起，消费金融市场开始迎来巨大的发展机遇。

由于我国征信起步较晚，央行的征信体系还存在着覆盖不全的情况。

在国内，有交易记录可以进行征信的群体主要是有稳定经济能力的人群，这部分人群总量只有3亿多人。而另外5亿人在央行征信系统中只有基本信息，尚属征信的空白市场，再加上那些连基本信息都未被央行记录的人群，就构成了中国征信市场未来的巨大发展潜力。

专栏 2-4

华大基因：区块链白皮书

2018年，华大基因发布了《华大区块链白皮书》（以下简称《白皮书》）。这家市值超过1000亿元的生物科技公司是基因测序产业链的重要组成部分。《白皮书》指出，华大基因将在生产层面建立联盟链，向内部系统和外部合作机构开放，实施区块链技术在生活大数据共享、生物智能计算、个人健康激励和其他方案的应用。

1. 公司概况

华大基因成立于1999年，是世界领先的从事生命科学的科技前沿机构。华大基因秉承“基因科技造福人类”的信息，以“健康美丽，做生命时代的先行者”为愿景，以“产业”融合发展模式引领基因组学创新发展。“University-research”通过遍布全球100多个国家和地区的分支机构与产业链各方建立广泛合作，将最新的多组学科研成果应用于医疗健康、资源节约、司法服务等领域。同时，为关系国计民生的精准医疗和精准健康的实际需求提供自主可控的先进设备、保障和技术解决方案。华大基因坚持走“自我践行、面向民生、拓科研、拓产业、壮人才”的发展新道路，实现“五通”联动，循序渐进，推动基因科技成果转化，实现基因科技造福人类。

2. 华大基因与区块链

2016年，美国开始征集医疗数据，并计划为来自世界各地的健康数据创建信息技术系统。

华大基因于2018年开始发布区块链技术应用，并加入了超级账本（Hyperledger）。它希望与行业合作伙伴共同构建基于区块链技术和加密的数据交易基础设施，并基于隐私保护来保护个人生活数据。目标是建立一个全新的生态系统，在其中可以对基因数据价值进行定价、流通和交换。

华大区块链目前上线和部署的场景有六个，包括“区块链＋一揽子数据”“区块链＋注册公告”“区块链＋供应链”“区块链＋互保”“区块链＋深度学习”和“区块链＋罕见病公益”，如图2-9所示。

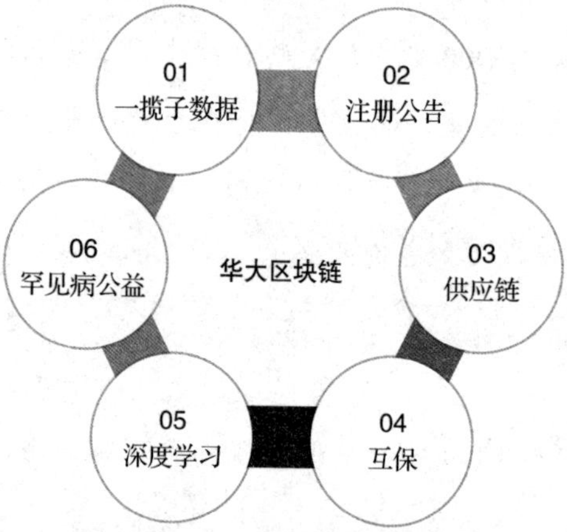

图2-9 华大区块链的应用场景

华大基因此前推出了本地基因测序仪，低成本的基因技术收集了大量的种群样本资源。在区块链及跨群体数据学习方面，华大基因认为区块链可以帮助其保护数据安全和隐私。详细场景是：通过测序仪、成像设备等生物组学工具创建个体的生命和健康档案；数据加密，确保数据设备安全；用户授权数据使用，使用记录将以区块链记录的形式实现个人数据控制；对于有权限提交数据的用户，将提供积分触发机制。

另外，在利用区块链“不可篡改的技术特性进行溯源”等其他场景中，华大基因希望打造一个功能齐全的医疗器械广告管理平台。该平台的创建实现了对设备、临床试验数据等机密资料的过程可追溯性的完整管理，实现高效报告。除了管理华大的罕见病公益基金，还希望打造一个基于区块链的管理平台，实现资金使用、捐赠记录等信息的备案和追踪。

此外，在生物智能方面，华大基因提出将区块链技术与深度学习相结合。在区块链上对训练数据进行身份和所有权认证，通过智能合约发起训练需求，激励算法提供者贡献智慧。智能模型训练完成后，其产生的价值将根据激励规则返还给算力提供者、算法提供者、数据提供者等。

3. 区块链合约平台

区块链技术发展以来，越来越多的参与者开始关注基于基础技术布局的产业环境。2018 年 5 月 30 日，华大基因发布了《华大区块链白皮书 V1.0：数字生活的交互价值》(以下简称《白皮书 V1.0》)。在《白皮书 V1.0》中，华大基因详细介绍了该公司的区块链发展计划。

华大以后端即服务（Backend as a Service，BaaS）为构建目标，提供个人数据确认与价值交互、罕见病公益、HPV 防护计划、区块链与深度学习、产品溯源等特定场景。这些具体场景在如今的药链领域并不奇怪，几乎家家都有，但“数字生活”上的个人数据确认内容之一却非常亮眼。我们知道区块链技术主张对个人对数据的权利，但是原来的技术只能在链上溯源，不可篡改，不能关联链下身份。例如，数字货币资产本质上是一系列数据，这组财产在上链时，可以保证可追溯、不可篡改、不会在未经业主允许的情况下造成任何变化。但是，由于链上身份和链下身份之间没有相关性，因此数字货币的“链上所有者”和“链外所有者”可能不是同一个人。换句话说，“私钥”一旦丢失、遗忘或落入他人手中，就意味着数字货币的原主人永久失去了这组财产。这个问题是区块链技术目前无法解决的痛点。在白皮书中，华大基因提出了一种利用“基因数字标识符”来解决这一缺陷的方法。

华大基因利用在基因测序方面的专业知识开发了一种新的基于多态性的单个基因序列编码方法。基因数据是全球唯一可识别的生物特征数据，包含大量敏感的多维信息，如种族、血统、药物代谢、疾病风险、健康与行为、面部特征、基因数据等。这种基因数据特征使基因序列能够以最高的特异性准确匹配每个人的独特身份。通过基因测序，可以生成大量的ID公私钥，一次一个密码的动态加密机制成为可能，类似于手机动态验证码登录，每次密码都不一样。

因此，与目前只有一对公私钥的区块链相比，遗传数字标识符可以实现区块链上每笔交易使用不同的标识符，能够更有效地保护用户交易的隐私。同时，结合第三方应用，可以检查标识符的合法性，以提供匿名数据服务。如果实施成功，将改变目前区块链上链数据和下链数据分离的现状，有望推动区块链行业的发展。

4. 内在激励机制

区块链技术的去中心化特性要求将个人数据与中心化平台分离，将数据的所有权和处置权交给个人，并将数据产生的价值返还给个人。

华大区块链白皮书中提出的实现多场景的洞察，大部分都以使用个人数据作为环境链的运行基础。这就要求华大基因提供的场景必须说服链上用户自愿贡献自己的数据，共同构建和维护链上的环境平台。正如大多数公链需要通证激励一样，华大基因也设计了激励机制来鼓励用户共享数据。与代币不同，华大基因采用的是一套健康积分激励机制。

根据白皮书，个人不仅可以授权数据用于奖励积分，还可以通过实现改善健康的目标（如每天达到10000步，将体脂降低到15%）来赚取积分，健康积分可用于消费健康促进服务（微运动、微营养、健康咨询）等。

不同于传统的“付费才能上平台”的激励模式，华大基因开辟了另一种“自利型”的激励机制，让用户可以通过贡献数据以外的并且有利于自身健康的方式获得奖励，可以带动用户参与到平台中来。

华大基因的最终目标是与行业合作伙伴共同构建基于区块链技术和密码学的数据交易基础设施，以隐私保护为引入，以数据共享为目标，确保整个过程可控、可审计、可审核，支持民生、科学探索和产业应用，让相关主体（个人、政府、医疗机构、科研机构、国家基因库、事业单位等）维权和投资数据资源形成一个全新的生态系统，最终基因数据价值可以在其中定价、流通和交换。

资料来源：笔者根据多方资料整理而成。

二、大数据应用的监管

大数据的重大价值和重大作用，使很多大数据公司在野蛮的生长中，收集个人信息、贩卖个人信息的情况层出不穷，给很多人造成了困扰。因为个人金融信息被无限制地贩卖，导致人们经常会接到各种各样的骚扰电话，进行诱导消费、诱导贷款，甚至套路贷、暴力催债等，如图 2-10 所示。

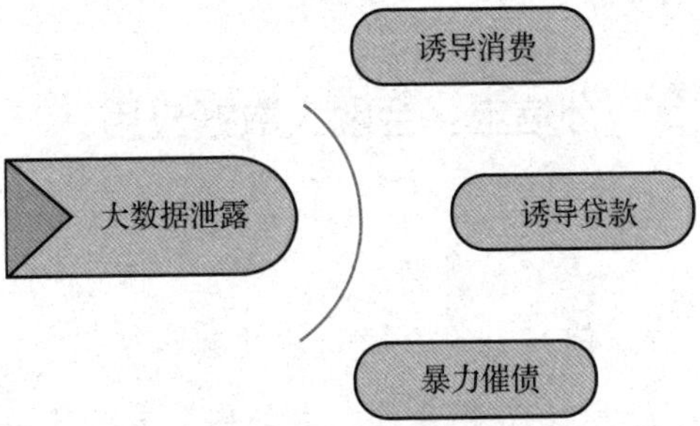

图 2-10　大数据泄露造成的问题

目前，个人信息大数据管理越来越严格，在查处侵害个人信息案件的同时，我们在逐步树立相应的标准和规范，让收集个人信息的企业知道如何做、怎么做。其中，最重要的文件是《信息安全技术个人信息安全规范》，它是由全国信息安全标准化技术委员会于 2020 年 3 月 6 日正式发布的，于 2020 年 10 月 1 日实施。在这个规范中，对如何收集个人信息有了明确的要求，其中提出的众多原则成为大数据行业的应用标准：权责一致原则、目的明确原则、选择同意原则、最少够用原则、公开透明原则、确保安全原则、主体参与原则，如图 2-11 所示。

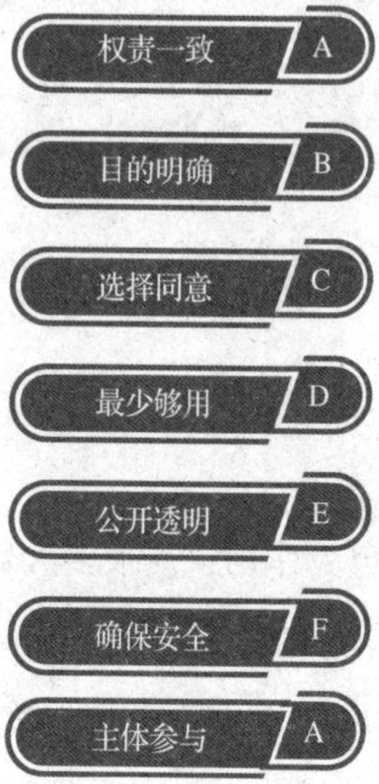

图 2-11　大数据收集原则

专栏 2-5

公信宝：金融大数据应用

1. 公司概况

公信宝由杭州存信数据科技有限公司开发、维护和运营。杭州存信数据科技有限公司成立于 2016 年 8 月，由国内外具有多年的软件开发、互联网金融及区块链从业经验的人员组成。公司 CEO 黄敏强历任浙大网新互联网技术副总、汉鼎宇佑金服总经理、汉鼎宇佑 CTO，2013 年开始了区块链的研究和开发工作，目前团队中还拥有来自阿里巴巴、网易、51 信用卡、华为日本、同盾科技等行业顶尖公司的开发者和多名区块链开发工程师。无论是从团队履历、行业理解还是从开发能力上，公信宝团队都位于国内同行业的绝对一线。杭州存信数据科技有限公司在区块链开发上具有多年积累的经验，同时也具有深厚的互联网金融背景，它还拥有国内首屈一指的网络爬虫技术团队，致力于以最前沿的 FinTech、区块链、大数据、IPFS 等技术，同现有的主流商务模式相结合，为客户提供最优质的整体解决方案。

2. 公信宝介绍

据公信宝的官网介绍：公信宝是个基于区块链技术的去中心化数据交易所，旨在打通各平台数据源信息，实现各个机构之间的数据能够进行点对点的交易和共享。公信宝能帮助数据买家和卖家实现高效的点对点数据交易，拥有不缓存数据、保护用户隐私、丰富一手数据源接入等优势。公信宝的公链——公信链也是一个支持开发应用及发行数字货币的公链，开发者可以在公信链上开发应用和发行数字货币，通过利用公信链上的丰富数据，提升服务和经营效率。公信宝数据交易所是一个通用的数据交换平台，底层是基于区块链（公链）打造的一条联盟链，适用于各行各业的数据交易，面向的典型客户为互联网金融企业、有数据交换需求的政企部门、银行、保险等行业企业（以下称为商户）。为了更好地说明它的用途和更快速地切入市场，公信宝先选择将互联网金融领域的网络贷款、汽车金融、消费金融、银行作为目标客户，将这些机构产生的金融履约数据作为数据交易中的主要资产。

目前，公信宝已经开发的产品有公信链（GXChain）、去中心化数据交易所、公信宝钱包、区块链浏览器等，而面对 C 端大众用户的面对面信用识别应用——公信宝 Dapp 也已上线。

公信链是一条公有链，是公信宝数据交易所的底层区块链，不仅支撑着公信宝的高频数据交易，还提供 BaaS 服务，支持第三方在链上开发应用，并为它们提供数据支持。其中，GXS（GXShares）将成为应用开发生态的燃料，随着公信链上生态的繁荣，GXS 的价值也将形成正向循环。

公信链为链上应用提供了扎实的底层架构，而建立在公信链上的应用，也通过数据反哺公信链生态，为整个公信链提供丰富的数据来源。例如，公信宝去中心化数据交易所是建立在公信链上的产品，而在交易所上架的数据源也在为公信链提供数据，甚至为公信链上的其他应用所用。

公信宝 Dapp 是基于公信链开发的首个针对大众用户的移动端应用。通过公信宝 Dapp，人们可以方便、安全地完成面对面信用验证，在获得对方授权的情况下，了解到被查询人的多维度信息。

3. 公信宝运行情况

截至 2021 年 3 月 4 日，公信宝账户数已经突破 149 万，交易数超过 1 亿笔，如图 2-12 所示。

图 2-12　公信宝用户数

4. 案例启示

公信宝作为中国区块链的代表企业，将大数据与区块链结合起来，通过区块链的形式收集数据，为数据提供者带来收益，并且通过大数据为银行等金融机构赋能，是区块链技术赋能的典型应用，是一个良好的生态。

资料来源：笔者根据多方资料整理而成。

三、区块链促使大数据更好地应用

区块链去中心化、开放自治、不可篡改的特性使其应用场景迅速扩张，从最初的货币化转型到金融交易的大数据应用等众多的金融领域，再到生活的方方面面，区块链的技术特点有效地解决了大数据行业遇到的数据孤岛、合法收集、数据泄露等情况，如图 2-13 所示。

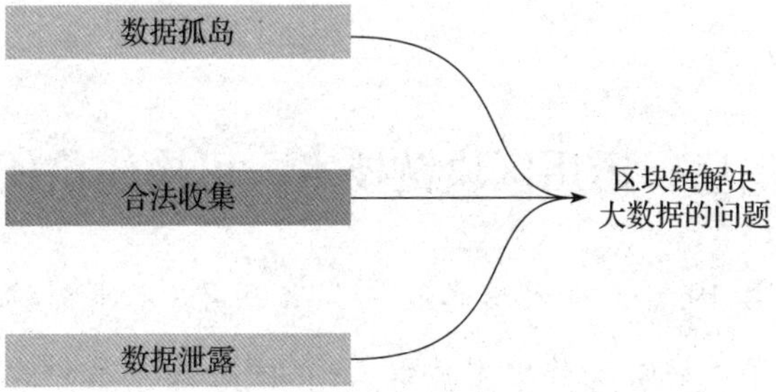

图 2-13　区块链与大数据

首先，区块链去中心化的特征可使信息公开透明地传递给所有金融市场参与者，进而在技术上一定程度地解决数据孤岛问题。例如，一位客户同时向两家银行各申请 200 万元的商业流动资金贷款。他所采用的材料是一致的，都是公司的经营材料和现金流等情况。在这种情况下，每家银行都有可能单独给予其贷款，这样，他的公司就有了多笔的贷款。但是，如果两家银行加入了同一区块链，每家银行都可以轻松地看到该用户的行为，并且识别其中的风险，除了交易主体外，监管部门也可以作为一个用户节点加入区块链，实时监控各银行的交易信息，防范风险事件的发生。

其次，区块链可以有效地改善数据收集的问题，因为在各种的 App 中，数据的收集都是无形的，甚至数据都是可以篡改的，为了固定用户的自由意愿的表达，我们可以使用区块链来进行存储，保证这些信息收集的合法性。

最后，区块链可以防范数据泄露问题。区块链是一个并联的数据链，在链条上的任何节点对数据的操作都会被其他节点发现，从而加强了对数据泄露的监控。对于来自数据库外部的攻击，黑客必须掌握 50% 以上的算力才能攻破区块链，节点数量越多，所需的算力也就越大，当节点数达到一定规模时，进行一次这样的攻击所花费的成本是巨大的。因此，保证数据安全，防范大数据风控中可能出现的数据泄露问题，是区块链的重要应用之一。

章末案例

航天信息：运用区块链技术，可构建信任体系

2019年3月19日，航天信息股份有限公司（以下简称航天信息）与阿里巴巴签署了《战略合作框架协议》，双方将共同面向云计算服务及智慧产业、财税业务、政务业务、区块链、企业市场服务等领域开展广泛、深入的合作。

1. 公司概况

航天信息是由中国航天科工集团有限公司（以下简称集团公司）控股的上市公司，是上海证券交易所主板的上市公司。

航天信息以信息安全为核心技术，是中国IT行业最具影响力的上市公司之一。航天信息服务的行业范围非常广泛，我们可以在税务、政务、司法、交通、金融、广电、科教等行业看到航天信息的身影。航天信息2018年实现营业收入279.40亿元，比2017年下滑了6.10%；归属于母公司股东净利润16.18亿元，比2017年增长了3.95%。

2. 发布区块链平台及应用

早在2016年，航天信息就着手研究区块链技术，探索典型应用，为区块链技术的规模化应用做准备。经过两年的持续跟踪、研发，航天信息开发了自主知识产权的面向企业级应用的基础开发平台——区块链技术开发平台，在国密算法应用、交易吞吐量、海量数据处理方面走在了行业前列。

2018年8月，航天信息区块链平台上线，融合已有产业，提供了资产

管理、数据流转、信任接入和智能监管等多种服务。在电子发票、粮食质量追溯、供应链金融、税务处理等领域也已布局联盟链并实现了应用，构建了行业新生态。

此区块链平台支持企业快速构建区块链网络，在不需要中心管理机构的情况下，就能够实现数据信息流转的可追溯性，保障了业务数据的高度安全及操作过程的高效透明，提供可靠的去中心化信任机制、第三方审计及监管、丰富的运维工具、完善的隐私保护方案、高效的共识机制、便捷的智能合约、海量数据的存储与查询等特性，满足大部分企业对应用场景的使用需求，以及安全可靠的心理需求。在资产管理和数据流转的时候，能够更安全、更高效地进行，并且降低了成本。

该区块链平台不仅应用于以上方面，在航天系统内外都得到了应用。通过构建基于区块链的全员营销，在航天科工及航天云网之间建立联盟链，支撑全员营销机制运行，对产品销售进行全局管理，构建可信营销环境，提升协作自动化水平。与某货运云商系统成功对接，推动基于区块链货运物流系统落地，提供安全可追溯的在线货运物流业务 P2P 分布式运行环境，实现对数据的分布式记账存储功能。

并且，打造区块链原粮质量追溯体系，对食品生产、仓储、运输、销售、监管各环节信息收集管理，形成商品流通全过程可追踪溯源的信息全监管网络，优化产业生态环境，保证粮食安全，满足消费和监管的需要等。

3. 探索电子发票在区块链的应用

航天信息建立专职的区块链技术研发队伍，并在金税、金融和物联网三大领域开发了一系列的应用产品。其中，电子发票是区块链技术的主力应用，航天信息通过联盟链方式进行电子发票区块链流转与融合应用平台建设，使发票流转及应用相关业务可在“链”中完成。

报道称，目前航天信息提供的基于区块链的电子票据系统在北京、山东、湖北、安徽、宁夏等地试运行状况良好，入链发票及非税票据达 30

余万张，将有助于提升票据流通领域信息化水平，有效降低管理成本。

在税务领域，区块链对于电子发票起到了很大程度的完善作用。利用区块链的开放性、不可篡改性、可追溯性等特点，能够解决电子发票的监管、流转和信息共享等方面的问题。通过该区块链平台，税务局、第三方服务平台与大企业自建平台可共同搭建起电子发票联盟链，管理电子发票的开具、流转、报销和存档全流程，实现了第三方服务平台之间的数据共享与互联互通，解决了传统发票监管困难和重复报销等问题。区块链电子票据解决方案如图 2-14 所示。

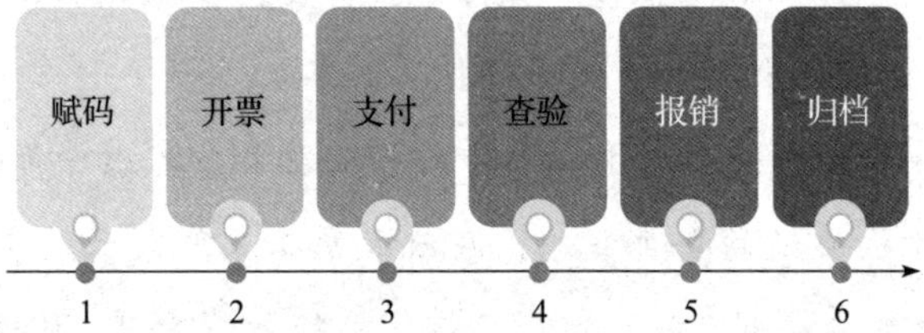

图 2-14　区块链电子票据解决方案

航天信息在涉税电子票据领域积累了较强的技术实力和丰富的行业应用经验，实现了多项行业首创。例如，首次在全国上线推广增值税防伪税控系统、首次在发票上应用汉字防伪技术、开具了全国第一张“营改增”发票。航天信息旗下的 51 电子发票服务平台主要提供电子发票一站式的开具、交付、查验、报销、归档等服务，实现了电子发票的全流程业务覆盖。目前，该平台已为全国各地的税务机关和纳税人提供服务，累计开出电子发票 25 亿张。

“税务发票是一个大量且主要的会计原始凭证，企业财务管理，又涉及财务、生产、运营多个系统的配合，综合起来这是一个金融、财务、税务融合的场景，区块链将改变目前的这种协同格局和方式。”中国电子学会区块链专家委员、航天信息公司高级工程师偶瑞军认为，电子发票可以无限复制和重复打印，真伪难以识别，财务监管难度大，区块链技术为解决这类难题提供了一条路径。

区块链电子发票的优点非常突出，如全流程追溯、票据的信息不可篡改、可以迅速传播、节省纸张、验证方便、公信力强，区块链与发票逻辑非常吻合，区块链发票能够有效规避假发票，节省发票管理、验证等各方面的成本。

航天信息采用区块链技术建立了税局监管、第三方服务平台和社会组织共治的电子票据链，将电子票据数据、流转、状态等信息上链，实现了对这些信息的锁定，做到了电子票据可信、可验证、可追溯，解决了电子票据的监管与使用困难。同时，按照电子票据链约定，在电子票据利用过程中，共同维护一个电子票据账本，统一了电子票据相关标准和服务入口，极大地方便了企事业单位和个人对电子票据的使用。基于区块链的电子发票流转平台如图 2-15 所示。

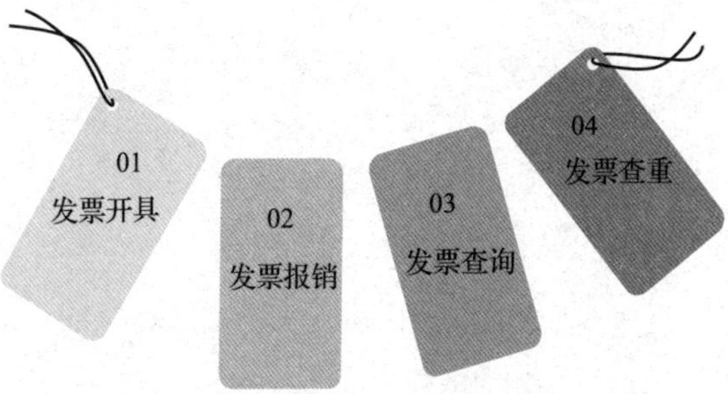

图 2-15　基于区块链的电子发票流转平台

航天信息致力于为国家从“以票控税”向“信息管税”管理转变提供支撑，利用区块链技术破解行业痛点，让各平台间的发票信息共享变成现实，降低对企业监管成本，全面提升互信、安全、便捷水平。

区块链发票作为一个技术发展方向，为了减少曲折，我们要慎重考虑区块链发票的发展初衷、发展前景，积极行动起来，推动区块链发票的发展，为我国税务领域深化改革打好坚实的微观基础。

资料来源：笔者根据多方资料整理而成。

本章小结

本章探讨了区块链技术的最原始应用——数字货币，以中国国家数字货币 DC/EP 为代表的数字货币在区块链技术的加持下，正在改变着传统的货币形态和支付方式。我们从货币的产生、货币的沿革、货币的属性等方面论述了货币及支付的数字化进程，也从本质上说明，应用区块链技术的数字货币是未来货币的一种形式。

在本章中，也介绍了在数字货币出现后，海量交易的大数据的收集、利用及对个人生活的影响，从技术上讲，区块链去中心化、开放式、不可篡改的特点是大数据合理应用的有效解决手段之一。

第三章 经济生活数字化转型：区块链助力

如今，经济生活的各个方面都在向数字化转型，让数据多跑路，让人民少跑路成为科技追求的首要目标。在数字化经济下，通过远程办公可以节省人们在路上的时间；通过生活服务平台可以节省人们的不必要的重复劳动。区块链技术为这一切数字化便利提供了可靠的保障。

我们更希望大家重视从0到1的探索，去思考区块链产业未来发展需要什么？如组件化技术、跨链技术、实物资产上链等。物理资产与数字资产的映射是区块链产业规模化的一个非常关键的环节，解决这个问题相当于打通了物理和数字世界的通道。组件化技术可以大大提升开发效率、降低开发成本和人员的技能要求。

——工业和信息化部电子标准院区块链研究室主任

李　鸣

开章案例

嘉楠耘智：芯片技术领先者

1. 公司概况

杭州嘉楠耘智信息科技有限公司（以下简称嘉楠耘智）于2013年4月9日在杭州市江干区工商行政管理局登记成立。法定代表人张楠赓，经营范围包括一般经营项目、计算机软硬件的技术开发等。

2015—2017年，9名销售为嘉楠耘智赚了13亿元，净利润增长了23700%。

2019年11月，嘉楠耘智在美国上市，成为全球区块链第一股，根据美股介绍：“anaan Inc.是一家就复杂计算问题提供先进半导体解决方案的无晶圆厂IC设计公司。特别是在高效能及重复计算ASIC芯片方面，是领先的IC设计公司。该公司的董事长兼首席执行官张先生及其团队凭借发明了第一批内置ASIC芯片而声誉鹊起。”

2. 主要产品

嘉楠耘智主要是针对人工智能算法及应用的ASIC芯片的研发，针对区块链算法及应用的ASIC芯片的研发，海外战略投资及海外办事处扩大人工智能和区块链国际业务，供应链优化及偿还重组产生的债务，营运资金及其他一般企业用途。

神经网络芯片。神经元芯片是模仿人类大脑结构的芯片，在硅片中以大规模平行的方式处理信息。在这种芯片中，每一个神经元都可以计算，都能够储存信息，并且它们之间紧密相连，使得通信效率非常高。这种芯片非常善于对图像、声音等内容做出反应，神经元芯片内部不但会改变参数，而且还会改变神经元之间的互联方式，就像活的生物一样。

人工智能。人工智能是研究、开发用于模拟、延伸和扩展人的智能的理论、方法、技术及应用系统的一门新的技术科学。人工智能是计算机科学的一个分支，它企图了解智能的实质，并生产出一种新的能与人类智能相似的方式做出反应的智能机器。该领域的研究包括机器人、语言识别、图像识别、自然语言处理和专家系统等。

区块链。嘉楠耘智最新一代自主研发并拥有全部知识产权的16nm技术芯片产品。16nm FinFET是业界能够实现量产的最先进的半导体工艺之一，当下能够完成16nm芯片设计的国内厂家可以用凤毛麟角来形容。

3. 南瓜张的故事

2011年，还在读研究生的张楠赓在一次偶然的机会中接触到了区块链，随后就开始尝试用笔记本电脑参与。在发现电脑的算力根本不够后，计算机专业出身的他开始研制更好的芯片设备。

2011年8月，张楠赓以"ngzhang"的ID现身论坛bitcointalk，此后的几个月便在论坛里推广其发明的FPGA芯片——Icarus（伊卡洛斯）与Lancelot（兰斯洛特），考虑到潜在客户会是外国人，张楠赓特意给自己的矿机取了希腊神话中的名字。这也是中国最早的FPGA芯片。自此张楠赓开始在区块链业界崭露头角，并获得了社区赠予的绰号——"南瓜张"。

2013年1月，张楠赓成功推出了ASIC芯片并交付使用。这台机器的名字叫阿瓦隆（Avalon）。2013年9月，阿瓦隆芯片最终实现量产并进行大规模发货，很快有80万个芯片投入市场中。

2015年6月，浙江清华长三角研究院杭州分院旗下的水木泽华基金和嘉楠耘智签署了投资协议，并率先领投250万元。嘉楠耘智从北京中关村被引进至杭州，自此在杭州扎根，备受当地政府的重视。

北京时间 2019 年 11 月 21 日，嘉楠耘智在美国纳斯达克成功上市。业内人士表示，嘉楠耘智能够成功上市，除了自身的实力之外，也得益于区块链技术风潮的到来。

4. 案例启示

区块链的兴起，产生了一个新的产业群，在这个新开发的行业中，先“吃螃蟹”的冒险者都收获了第一杯羹。类似于嘉楠耘智这样的芯片设计企业，增长速度极为惊人，纷纷上市或者控制上市公司，这些上市公司在资本市场上，为区块链产业占领了高地。

资料来源：笔者根据多方资料整理而成。

区块链的诞生并不仅仅是新技术的代表，而且传播了很多新的概念，这些概念从思维上改变着我们的生活习惯和商业思维。数字经济的发展，一方面为区块链的应用提供了土壤；另一方面也促进了区块链概念的传播。

第一节　数字经济的发展与机遇

一、数字经济的概念

数字经济是继农业经济、工业经济之后的更高级的经济形态，也是我们正在经历的时期。在这个时期，农业经济、工业经济等传统经济形态正在嫁接信息经济，形成一种结合式的经济形态，这就是我们所说的数字经济，如图 3-1 所示。在数字经济时代，生产要素是数字化的信息和科学技术，科学创新成为经济增长的重要引擎，通过信息科技的不断发展，现在通信技术软件和硬件的更替，我们的生产、生活正在发生彻底的改变。我国也在不断地提高数字经济的水平，以利于能够参与到世界分工和世界竞争之中。

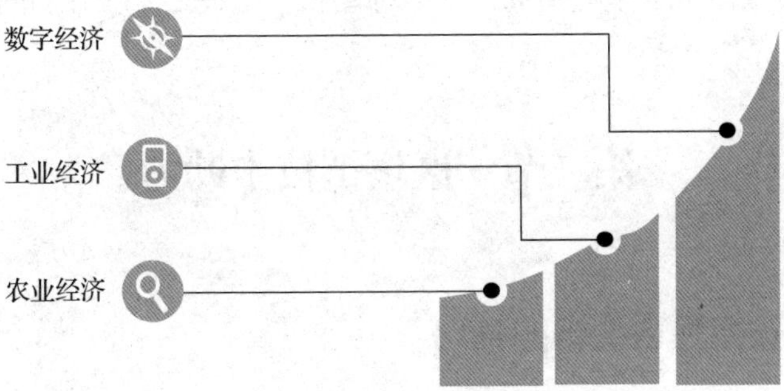

图 3-1　数字经济的发展

二、数字经济的发展

近年来，数字经济持续快速增长，成为推动经济高质量发展的重要力量。国家互联网信息办公室发布的《数字中国发展报告（2020 年）》显示，我国数字经济成为引领全球数字经济创新的重要策源地。

2020 年我国数字经济规模近 5.4 万亿美元，仅次于美国，居世界第二位。在数字经济核心产业方面，我国是计算机通信和其他电子设备制造业增加值规模、信息和通信技术产品出口规模最大的国家。

我国数字经济领域的创新创业非常活跃，不断有基于新科技、新产品、新模式、新业态的新企业诞生。在商业模式上，移动支付等一些领域出现了我国原创和领先的商业模式。在被市场所接受的细分领域，一些初创企业发展迅速，用户数量快速增长，吸引了大量投资，资本市场价值不断提高。我国数字经济的创新能力快速增强，5G 核心专利数量居世界第一，5G 移动通信技术的商业化、规模化应用世界领先。依托消费互联网的快速发展和海量数据，我国互联网企业衍生发展出大数据、云计算、人工智能等先进数字技术，人工智能领域论文和专利数量居于世界前列，“神威 · 太湖之光”超级计算机首次实现了千万核并行第一性原理计算模拟，图像识别、语音识别等人工智能技术走在全球前列。量子通信、量子计算等前沿技术取得突破，“墨子号”实现无中继千公里级量子密钥分发，76个光子的量子计算原型机“九章”、62比特可编程超导量子计算原型机“祖冲之号”成功问世。

第二节 区块链技术助力

一、加密技术是区块链的基础

我们知道，数字经济是以数字信息为基础的，那么数字信息有其固有的问题，即信息在传送过程中，可能被人为地修改，失去信息的真实性。

为了保证信息传输过程的不变和可靠，加密技术就应运而生了，通过一定的加密算法，使加密信息确保不被篡改，或者说，一旦被篡改，能够轻易地被发现。

举例来说，如果你输入一段明文“大话区块链”，经过hash（哈希或散列函数）运算，会得到另一串相应（夹杂数字和字母）的字符串。如果输入“小话区块链”，就算只改动了一个字符，得到的hash值也完全不一样，如图3-2所示。

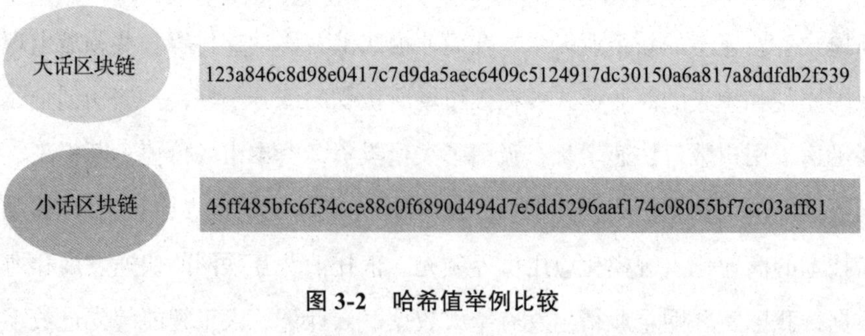

图3-2 哈希值举例比较

要不，你亲自体验一下？访问https://1024tools.com/hash这个网址，选择SHA256，别问我为什么一定是256，因为我们现在的区块链大部分就是用 SHA256 来计算 hash。随便输入一段明文，保存好对应的 hash 值，再改掉之前明文其中的一个字符，对比两个 hash 值结果，看看是不是天差地别。

有人问："为啥用 SHA256，不用其他的算法，我看到有很多的算法啊。"其实就是加密方式不同而已，密码的难度也不同，我们可以看到使用 SHA512 得到的值是：b252ec01e3b40f818e2924c15a870ea98ddf8b48e2a00b3dc96f31d8b37d9d66a64d9813801a2df25b8d2c142d0f1439ad62b45f01ac82593b854389542eb0c5，这就比使用 SHA256 复杂得多，使用的密钥长度越长，密码越复杂，破解的难度也越大，目前来说，使用 SHA256 进行破解的难度也是极高的，目前理论上 SHA256 是不可能被破解的。

我们再出一道题：这个数列值是 d35713317ed5b2e09b33b6569deff8007c01121afc7ed061b9c4bd91d1676c61。我们可以通过计算机去试各种字符串。直到你最早试出唯一正确的答案："区块链生态"，它对应的 hash 值跟题目中的值一模一样。

二、政策的实施为区块链产业铺路

中国早已高度关注区块链技术和产业创新发展，但此前并无高位阶法律规范出台。2019 年 1 月 10 日，由国家互联网信息办公室发布的《区块链信息服务管理规定》属于规范性文件，法律位阶较低。多年来，随着我国社会经济的不断发展，密码已经成为国家社会各类活动中不可缺少的一部分。但长期以来，我国在密码领域仅有一部于 1999 年 10 月 7 日发布并生效的行政法规——《商用密码管理条例》，无论是法律位阶还是时效性，都难以与现时密码事业发展相适应。因此，密码法的出台将全面改善我国密码领域的法律现状，提供一个基本的法律监管框架。

2020 年 1 月 1 日，《中华人民共和国密码法》(以下简称《密码法》）正式实施。《密码法》是总体国家安全观框架下，国家安全法律体系的重要组成部分，也是一部技术性、专业性较强的专门法律。《密码法》中的密码与日常生活一般人用在电子邮件、社交媒体、手机上使用的“密码”不同。因此，这里的“密码”主要是指“密码技术”和提供的“加密/解密服务”。

众所周知，区块链技术是完全基于密码学技术，其核心技术使用了大量的传统的加密技术。因此，有理由相信，如果政府要完全掌控未来区块链技术的发展，首先就要完全掌控密码学技术，并且严格管理密码技术的使用。例如，《密码法》的第二条对“密码”给出了明确的定义，即“本法所称密码，是指采用特定变换的方法对信息等进行加密保护、安全认证的技术、产品和服务。”根据上述定义，我们理解，任何对信息、数据等进行加密保护、安全认证的手段均是《密码法》中所称的密码。其中，加密保护是指采用特定变换的方法，将原来直接明了的信息变成不能直接识别的符号序列。例如，区块链技术中的哈希算法，就是通过哈希函数的计算，将信息或数据压缩，生成一个特定的哈希值，以在信息数据的传输或者保存中起到加密的作用。那么，这里的哈希算法，就可以被定义成为密码学中的“密码”。

安全认证是指采用特定变换的方法，确认信息是否被篡改、信息来源是否真实可靠。例如，在基于区块链技术的数字通证转账经常使用公钥（Public Key）、私钥（Private Key）。公钥与私钥是通过一种算法得到的一个密钥对（一个公钥和一个私钥），公钥是密钥对外公开的部分，私钥则是非公开的部分。公钥通常用于加密会话、验证数字签名、加密可以用相应的私钥解密的数据。用公钥加密的数据就必须用私钥才能解密，这就是安全认证的一种方式。

除了在技术上的规定外，还有在产业管理上的规定，《密码法》规定，国家将建立和完善商用密码标准体系，组织制定商用密码国家标准、行业标准，并推动参与商用密码国际标准化活动。商用密码从业单位开展商用密码活动的，应当符合商用密码强制性国家标准及从业单位公开标准的技术要求。此外，国家支持社会团体、企业利用自主创新技术制定高于国家标准、行业标准相关技术要求的商用密码团体标准、企业标准。例如，中国网安就积极参与和推进密码和区块链技术的使用。截至 2020 年 2 月，中国网安参与行业标准及白皮书编写工作 10 余项，申请区块链技术专利 20 余项。2020 年 3 月，贵州省正式发布了 4 项地方区块链标准，其中中国网安公司就直接参与了《DB52/T 1466-2019 区块链应用指南》《DB52/T 1468-2019 基于区块链的数据资产交易实施指南》《DB52/T 1467-2019 区块链系统测评和选型规范》等的制定。在《密码法》的推进下，一些公司积极参与各种区块链标准的制定，可为区块链技术的发展和应用不断开辟新阵地。法律政策助推区块链发展如图 3-3 所示。

图 3-3　法律政策助推区块链发展

虽然，目前无论是区块链技术本身的发展还是我国的相关立法，都还处于比较早期的阶段。但是，可以肯定的是，随着应用需求的增加、区块链应用场景的多样化发展，将会刺激和催生更为安全、先进的密码技术；而作为区块链技术核心的密码技术的进一步发展，将推动区块链技术的整体进步和创新。在密码技术与区块链技术相互促进的过程中，国内和国际的相关标准体系及监管框架也将同步建立并完善。

第三节　“区块链 +”的时代

在区块链经济快速发展，并且赋能改变传统产业的同时，各种生产生活方式都在探寻数字化转型和区块链技术的结合。

一、区块链 + 生活

2020 年 1 月，新冠肺炎疫情突袭而至，在一个月的时间内，疫情迅速传播，全国各省区市均有感染病例，全国进入一级响应状态。

在这种环境下，人们进入一种无接触经济的生活方式，而区块链的作用也备受关注，其实，在我们生活的方方面面都有区块链的身影。

比如我们在生活中需要的各种物资的采购和配送、口罩预约、疫情上报、社区出入管理等多个疫情防护及便民生活类服务，都需要在线上进行完成，而线上经济的基础就是区块链应用，使用区块链技术可以保证我们身份的真实性和不被篡改性。

例如，有人从外地回到北京，他需要到社区进行登记并领取出入证或者向单位提交社区签发的确认书。如果采用纸质的方式，难免会相互接触，造成感染，而一旦感染，波及的不仅是自己的家人、同事、超市人员、药店、医院等各类的接触人群，而这些人群又会向外扩散。这个时候必须采用无纸化的方式，那么采用电子确认书的方式又有数据真实性的问题，因为电子材料是可以随意进行修改的，如 PS、修图等，可以将一个人的居住证明改为其他人的，这种证明就失去了社会防控的作用。为了保证各种电子数据的真实性，我们可以将这些数据进行及时的上链存储，一旦修改都能够被发现。这就是区块链在社会生活中的一个明显的应用。区块链助力非接触式生活如图 3-4 所示。

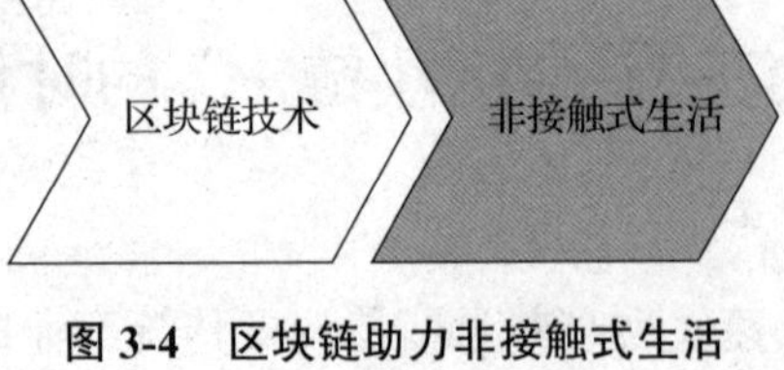

图 3-4　区块链助力非接触式生活

专栏 3-1

e 签宝：区块链合同

1. 公司概况

杭州天谷信息科技有限公司成立于 2002 年，是国内最早的身份认证、电子签章领域的专业公司之一。杭州天谷信息科技有限公司专注于公钥基础设施（PKI）、身份认证、电子签章领域产品研发和生成，面向广大政府和企业客户提供相关解决方案。

2. e 签宝介绍

e 签宝，电子签名领域的领导者，面向企业组织、政务服务体系、个人用户，提供全球领先的电子合同全生命周期服务。e 签宝具备安全可信的电子签名与智能履约平台、物电一体化的印章管理平台、身份认证和智能风控系统、区块链证据保全与管理平台、在线速裁与司法服务体系等先进应用。

e 签宝是业内唯一一家入选《2020 胡润全球独角兽榜》的中国电子签名企业；于 2021 年 9 月完成中国电子签名行业首个 E 轮融资，金额达 12 亿元；同月宣布战略并购金格科技。

截至 2021 年 8 月底，e 签宝已服务世界五百强客户 100 多家，中国五百强客户 200 多家，与各级政府联创 1500 多个政务服务应用场景，与 3000 多家生态伙伴实现深度融合，是浙江省“最多跑一次”指定电子签供应商。

e 签宝合作伙伴遍布全球，包括阿里巴巴、索尼、华夏银行、海康威视、吉利、百威、顶新集团等顶级企业。应用行业涵盖“互联网＋政务”、医疗卫生、金融科技、B2B 电商、大型制造业、在线旅游、eHR 等。

3. 区块链技术的应用

2020 年 5 月，e 签宝与蚂蚁链共同打造的区块链合同首次亮相。2020

年 9 月，e 签宝在支付宝“INCLUSION・外滩大会”上发布了“e 签宝区块链合同——金融版解决方案 2.0”。相比纸质合同、电子合同，区块链合同更安全、签约效率更高、签约方式更丰富。

例如，针对线上信贷的特性，全程电子证据链直通公证处与互联网法院，国际标准金融级的防篡改区块链技术加持。银行、信贷等金融机构将业务流程中的核心数据哈希后通过数据存证，确保重要数据的安全留存，可追溯、可监管。

在金融场景下，一些机构还拥有纸质表单多、业务审批效率低等难题，e 签宝区块链合同全程自动化的性能也能解决舆情自动监测、账款自动代扣、自动预警、自动风控、全流程自动化履约、自动化解决批量签署的问题，解决金融场景下大量订单需要签署的诉求。

4. 案例启示

合同是我们生活中最常见的法律文书，在以往的时候，我们需要见面签署合同来保证合同的真实有效，但是，在互联网时代，在数字经济时代，不见面签合同已成为常态，区块链合同的出现，展现了我们未来生活的基本方式。

资料来源：笔者根据多方资料整理而成。

二、区块链 + 教育

受到新冠肺炎疫情的影响，为了减少聚众活动，大中小学校延期开学，并开展线上教学活动，例如，2020 年 2 月 21 日，广东省教育厅宣布推出 13 条措施助推高校毕业生在疫情防控期间顺利就业，全面实行线上找工作、线上签约、线上办理就业手续。

疫情防控期间，广东省暂停 2020 届普通高校毕业生系列供需见面的现场活动，原计划于 2020 年 2 月 1 日后开展的 8 场现场活动全部转为以线上招聘形式进行，11场大型网络招聘活动按计划继续开展。依托“广东省大学生就业创业智慧服务平台”于3月1日至6月30日举办“木棉花暖”广东高校毕业生大型公益网络招聘活动。

广东省高校毕业生全面实行线上找工作、线上签约、线上办理就业手续，全流程数字化。在线申领、出示、下载电子报到证，在线签订电子就业协议书。广东省教育厅表示，2020届普通高校毕业生一律在线上签订电子就业协议，电子就业协议书需要企业盖章的，引导毕业生以邮寄方式办理。

另外，申请办理调整改派和查询档案去向也采用在线办理。毕业生通过“广东大学生就业创业”在线提出调整改派申请，完成相关手续。2006—2017年毕业以来办理过暂缓就业手续的毕业生及2019届广东高校毕业生，可通过“广东大学生就业创业”微信公众号、小程序和“粤省事”教育服务专区进行档案去向查询。

除了高校，一些培训机构也开始了在线教育的推广，比如作为在线健身直播领域新玩家，PP体育自2020年2月6日上线健身直播课程以来，短期内完成了覆盖一周七天，每天长达9小时的“全时段”健身直播课程，既有明星健身教练开课，又有体坛明星化身“硬核私教”传授健身技巧。同时，PP体育还提供覆盖塑形、有氧燃脂、搏击操、瑜伽、舞蹈、普拉提等热门训练的课程类型，以及针对家庭跑步机和家庭单车的专门课程。截至2020年2月19日，PP体育健身直播总流量突破千万，场均观看人次超过5万，显示出在线健身市场的强大活力。在已上线的多样化健身课程中，中国唯一的现任拳王徐灿的健身课程更是突破了10万的直播流量。

在这些在线教育中，区块链技术的应用是必不可少的，如教育培训合同的签署、各种产品告知书、交易环节的通知书等材料，需要进行区块链的纪录和保存，一旦发生纠纷就可以通过区块链纪录进行提取和还原；另外，在在线考试的过程中，学生的答题情况、答题的答案等也要通过区块链进行存储，一旦发生对考试过程和判卷的质疑，也可以将当时的数据进行比对。总之，区块链账本就是数字化过程的见证者和记账人，有区块链在，没有人可以抵赖，一旦线上教育成为习惯，对口口相传的面授教育是一个冲击，而这种冲击往往是被迫接受的，就如同我们从纸币支付到微信支付一样，一旦养成消费习惯，便捷性的生活方式就会形成常态。区块链助力教育如图 3-5 所示。

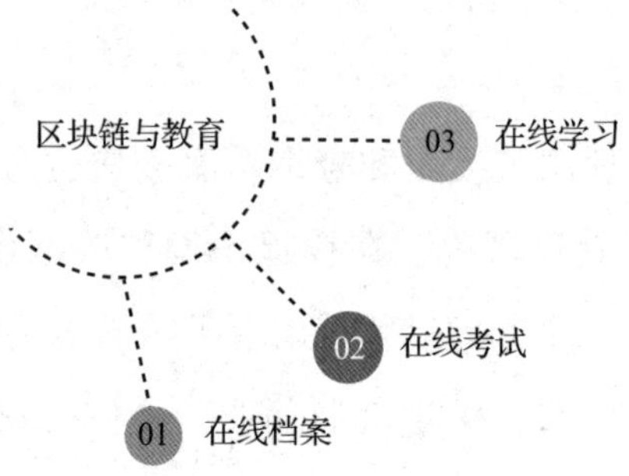

图 3-5　区块链助力教育

三、区块链＋交易

2020 年 2 月，国家发展改革委办公厅发布的《关于积极应对疫情创新做好招投标工作保障经济平稳运行的通知》指出，新冠肺炎疫情突袭而至，在党中央的领导下，各地区、各有关部门和单位按照疫情防控工作部署要求，及时采取暂停招标项目现场交易活动、推行网上办理、减少到场要求等措施，有效减少了人员聚集，阻断了疫情传播，保障了人民群众生命安全和身体健康。为在做好疫情防控工作的同时，做好“六稳”工作，有序开展招投标等公共资源交易活动，保障经济平稳运行。

其中，具体措施有：“加快推进招投标全流程电子化。《国务院办公厅转发国家发展改革委关于深化公共资源交易平台整合共享指导意见的通知》（国办函〔2019〕41 号）对 2020 年公共资源电子化交易全面实施提出了明确目标。各地要狠抓目标落实，加强部门协调，着力消除全流程电子化的盲点、断点、堵点，尽快在各行业领域全面推广电子招投标，实现发布招标公告公示、下载招标文件、提交投标文件、开标、评标、异议澄清补正、合同签订、文件归档等全流程电子化，扭转电子和纸质招投标双轨并行的局面。全面推行在线投标、开标。为有效降低现场投标、开标带来的人员聚集风险，同时降低企业交易成本，各地要依托电子招投标交易平台，加快部署在线投标、开标系统，制定明确时间表，年内实现所有依法必须进行招标的项目在线投标、开标。”“积极推广电子评标和远程异地评标。各地要加快建设完善电子评标系统，应用信息化工具辅助评标，提高评标效率；完善远程异地评标系统及技术规范，尽早实现省内常态化运行，并为跨省运行创造条件，有效减少评标人员聚集，实现有限专家资源充分共享；积极应对远程异地评标等对传统属地监管模式带来的挑战，建立跨区域协同监管机制。疫情防控期间，采取随机抽取方式难以组建评标委员会的，可依法由招标人自行确定专家；确有需求的地方，可以在监管到位的前提下选择适当的招标项目探索开展基于网络协同的专家分散评标。”“大力推进招投标行政监督电子化。各地要积极适应招投标全流程电子化的新形势，加快行政监督方式手段的电子化、智慧化。按照政务信息化要求，依托电子招投标交易平台，加快部署行政监督窗口和监督工具，实现对电子招投标交易全程事中事后监管。”

招投标工作是经济建设的重要组成部分，采用全流程电子化招投标交易，是经济发展的必然需求，在全流程电子化的过程中，区块链技术承担着重要的基础性保障和支撑工作，各投标人身份的真实性核验，招投标过程中的电子文件、双方的电子合同、电子保函等，都可以使用区块链的方式进行确认和保存，在区块链的见证下，纵是相隔万里，纵是亿万交易，都可以令人免去后顾之忧，这将节省巨大的经济、社会成本。区块链助力在线投标如图 3-6 所示。

图 3-6　区块链助力在线招投标

专栏 3-2

昆易链：区块链招投标平台

1. 昆易链概述

2020 年 6 月 23 日，由北京筑龙公司提供技术服务，以腾讯云区块链服务 TBaaS 提供的区块链作为技术支撑，实现了区块链与招投标产业相结合的产品——“昆易链”。

“昆易链”的成功上线，标志着昆明市公共资源交易进入了区块链存证、查验新阶段，使昆明成为国内第一个在公共资源交易领域全流程运用区块链技术的城市。据了解，在国家提出建设线上招投标以后，很多公司开始试水招投标产业与区块链结合的产品，这也迎合了市场的需要，在招投标过程中，因为信息不透明、来返次数多、路途长等原因，使交易市场并不能实现全面的公开、公平、公正。区块链平台的推出，解决了很多固有的困难，据了解在该平台已完成了近 6 万条正式数据的区块链存证，后续将完全覆盖昆明公共资源招投标领域的近3万家各类招投标主体。

2.“昆易链”的特点

在“昆易链”中，基于区块链的底层技术支撑，招投标交易流程完整性、数据真实性能够得到有效保证，并能在任意时间节点提供数据存在性和真实性的证明。

因此，区块链招投标平台的建设具有以下优点：一是去中心化，原来的招投标平台存在中心化的控制员，控制员可以操作整个招投标系统，使中心方缺乏公信力，在区块链系统下，各方的数据可以随时上链，不存在可以修改的可能，可实现全程可追溯；二是更有利于监督管理，因为各类参与招投标的主体都存在链上，通过跨链的验证，主体的信用、主体的不诚信情况、主体的关联交易、主体之间的联系等都可以随时调取，这样，监管更加方便，也更加全面，可以说区块链招投标平台是公正公平的有力支持和解决方案；三是区块链技术具有时间戳、防止篡改的特点，在招投标过程中所有的数据、合同、评标视频等都可以保存，随时进行验证，将复杂的招投标过程变得标准化、程序化，如果出现纠纷，可以提取证据，寻求司法解决。

3. 区块链招投标平台的发展

不仅是昆明市，其他城市也在探索区块链招投标平台，2020年5月，深圳市建设工程电子招标投标平台正式上线，该平台也是由北京筑龙提供的区块链招投标解决方案。

不仅仅在招投标平台中，在政府采购、视频会议、竞争性谈判等方面都可以加入区块链的成分，区块链的解决方案并没有局限性，因为它是一种普适的技术，可以说，在有互联网的地方，都可以使用区块链这种去中心化的方式来改造，去中心化带来的是公开、透明、公正。

4. 案例启示

工程的招投标是商务活动的重要方面。在招投标这种复杂的商务活动中，进行数字化改造并且加入区块链技术是数字经济加速发展的重要标志，各地的成功经验，表明区块链与商业交易的结合越来越紧密。

资料来源：笔者根据多方资料整理而成。

四、区块链＋政务

在新冠肺炎疫情防控的关键时期，如何在确保生产生活有序进行的同时有效遏制疫情的扩散和蔓延，成为各地政府工作的重中之重。各地政府依托全国一体化在线政务服务平台，充分发挥“数字政府”平台的功能和支撑作用，倡导办事“网上办、掌上办”，推进“不见面”“非接触”的线上政务服务，在疫情防控期间最大限度地让数据多跑腿、让群众少出门，高效解决生产、生活之需。例如，为积极应对疫情防控，减少跑动、减少集聚，上海市“一网通办”推出了一系列便民服务。企业和市民可以通过“一网通办”总门户、“随申办”App、“随申办”微信和支付宝小程序等，足不出户把事办成。政府积极倡议政务服务事项在家办，同时有力拓展物流配送基础支撑功能。据统计，在疫情期间，上海 16 个区的区级政务服务中心基本实行了“双向免费快递”。作为市疫情防控急需药品和医疗器械质量安全监管的主管部门，上海市药品监管局充分利用“一网通办”平台“不见面”审批优势，通过网络核验、电子签章、电子证照等方式，减少企业申报人员跑动和接触，让数据跑腿，实现企业网上申报、在线受理审查、电子凭证推送的“全程网办”。通过上海市“一网通办”平台和市投资项目在线审批监管平台，即可开展投资项目立项网上办理、网上查询。前期市区各发展改革部门已经开通了“一网通办”服务，在“双减半”工作成果的基础上，企业投资项目的申报、受理、审批等工作不见面就能完成。2020 年 1 月下旬上线的“一网通办新冠肺炎防控专栏”，涵盖信息类、服务类、互动类和长三角其他省市相关信息服务四大部分，主要内容还包括发热门诊医疗机构查询、信息上报、药店查询、寻医问药等，疫情防控信息和知识应有尽有。

浙江省要求各地各单位迅速行动，因地制宜、多措并举，积极倡导“网上办、掌上办”，全力推行“预约办、上门办”，持续推出疫情防控有关便民服务，切实提升群众和企业在疫情期间的办事体验。第一，积极倡导“网上办、掌上办”。各地各单位通过各类政务网站、微信公众号、手机短信提醒等方式，公布浙江政务服务网网址、“浙里办”App 下载地址，以及使用说明、视频教程等，提升群众和企业知晓度。同时，优化调整人员配置，增强网上咨询、12345 电话咨询人员力量，充分做好答疑解惑工作，为“网上办、掌上办”提供实时在线指导，以“远距离、不接触”最大限度隔绝病毒传播。第二，全力推行“预约办、上门办”。各地各单位通过网络、电话、手机预约等方式，确保线下错峰错时办事，避免人群短时扎堆聚集。对于特殊、紧急事项，实行特事特办和“容缺受理、即到即办”。对特殊群体、困难群众急需的办事需求，由党员先锋队、网格员等提供免费代办服务，切实降低办事过程出现交叉感染的风险。第三，持续推出疫情防控有关便民服务。浙江政务服务网、“浙里办”App 于 2020 年 1 月 27 日上线的“浙江省新型肺炎防控公共服务管理平台”，为群众提供了“主动申报与疫情线索提供”“互联网医院新冠肺炎通道”“居家医学观察服务与管理”“集中医学观察服务与管理”“信息发布与健康宣教”“网上智能问诊与人工服务”“新冠肺炎患者同行程查询”“新冠肺炎心理健康服务”八大与疫情防控有关的基本功能，助力群众掌握“一手信息”，让广大群众眼里有“数”、手里有“招”、心里不慌。

各地政府都已经开通全程网上办平台，在网上办理中，政务要求更为严格和慎重，因此，对于数据进行区块链存证管理更加必要，区块链技术可以有效地进行身份核验、数据保存、数据公示、数据查验，如图 3-7 所示。

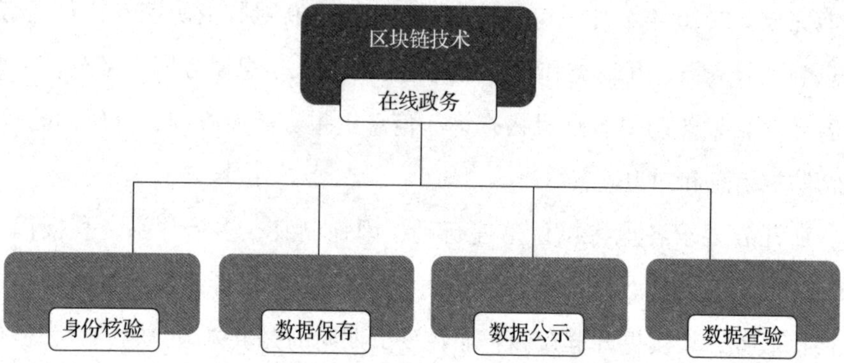

图 3-7　区块链助力在线政务

五、区块链 + 医疗

2020 年中国医疗健康产业规模超过十万亿，成为关系国计民生的重大事业。但是，传统的医疗服务系统存在跨医疗数据无法流通共享、患者病例数据泄漏、保险理赔管理成本高等痛点问题，其根源在于“健康数据的隐私性与安全性”。区块链技术防篡改、分布式、加密的特征直击根源问题，为医疗行业数据共享、效率提升提出了新方案。对于医疗机构来说，62% 的基层医疗机构经常“买不到药”，同时医院的 HIS 系统与药店的 ERP 系统相对独立，医院、药店等药品信息匹配困难，处方共享受阻。此外，还存在假冒处方、冒用处方、过期处方等问题。对于患者来说，拿到处方后，患者需要在医院内排队等候取药，时间长、流程烦琐。

百度超级链推出的区块链医疗解决方案把患者信息、检查检验报告、诊断记录、电子处方等信息上链存证，形成医疗互联网服务的数据安全、诊疗安全和用药安全“三大保障”，为医疗产业全链条“保驾护航”，同时形成诊疗、处方、医保、药品全流程安全体系，实现了对诊疗过程事前提醒、事中监控、事后追溯的全方位监管。区块链助力医疗数字化如图 3-8 所示。

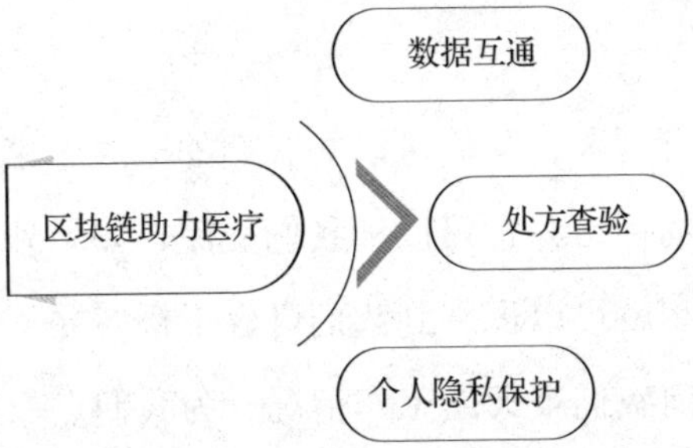

图 3-8　区块链助力医疗数字化

六、区块链 + 司法

我们使用电子化代替现场化、纸质化，最基本的要求就是电子化文件和交易是有法律保障的，在司法领域应用区块链可以起到法律保障的作用。

在新冠肺炎疫情期间，最高人民法院重点推出一些案例，推进了在线化司法的作用，比如在疫情期间有的法拍房需要办理过户，而法院人员通过电子文书的方式代替纸质法律文书，通过电子法律文书的应用来办理房产过户手续，这就表明，司法部门正在认可和主动利用电子化，并且电子化交易可以办理重大的财产案件。而区块链应用在保证电子文书的完整性、不可篡改性方面是无可替代的，另外区块链应用在保证电子文书的公示和核验方面有不可比拟的优点。区块链助力司法审判如图 3-9 所示。

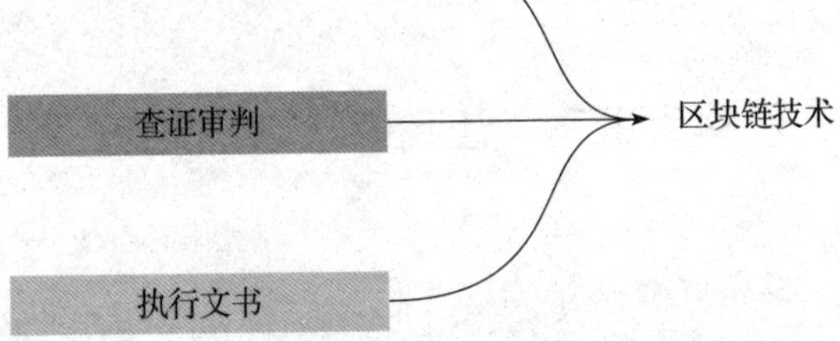

图 3-9　区块链助力司法审判

七、区块链 + 家居

我们总在幻想有一天，我们可以和我们的家居、家电成为一家人，它们能够听懂我们说的话，并且可以和我们交流，如果外面天气比较冷，在没有开车之前，汽车就可以识别到我们已经下楼，并且开始加热座椅；在回家的路上，可以问我们今天的工作情况，为我们点一首歌，像个老朋友一样感受我们的情绪；当我们回到家，电视会问，今天有一个新的电视剧，是不是要看一下，我们问，什么情节啊？电视会自动搜索网络，并有逻辑性地跟我们说话，缓解我们一天的疲惫，床听到我们回来了，会在睡觉前，给我们讲个故事，或者说说笑话，甚至守候我们在休息时的心跳和呼吸。而这一切的基础，就是人的身份的识别、人与机器之间的信息的交互的安全性，在这方面，科大讯飞是区块链技术的领先者。区块链与智能家居如图 3-10 所示。

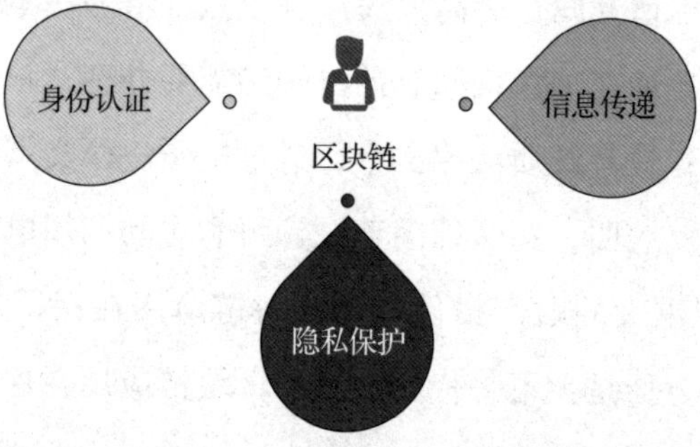

图 3-10　区块链与智能家居

专栏 3-3

科大讯飞：让我们与电器交流

1. 公司概况

科大讯飞股份有限公司（以下简称科大讯飞）成立于 1999 年，是亚太地区知名的智能语音和人工智能上市企业。自成立以来，长期从事语音及语言、自然语言理解、机器学习推理及自主学习等核心技术研究，并保持了国际前沿技术水平；积极推动人工智能产品研发和行业应用落地，致力于让机器“能听会说，能理解会思考”，用人工智能建设美好世界。2008年，科大讯飞在深圳证券交易所挂牌上市。

在平台基础上，科大讯飞持续拓展行业赛道，现已推出覆盖多个行业的智能产品及服务，推动在消费者、智慧教育、智慧城市、智慧司法、智能服务、智能汽车、智慧医疗、运营商等领域的深度应用，To B+To C双轮驱动成果显现。

2. 公司发展

2014年8月20日，在国家会议中心，科大讯飞发布了面向智能家庭领域的系列语音产品，包括新版本语音助手灵犀3.0、以语音交互为特色的讯飞智能音箱、面向智能电视交互的“未来遥控”等，将讯飞语音云升级到3.0版本，启动“讯飞超脑”计划，在人工智能上加大布局。在科大讯飞董事长刘庆峰看来，讯飞希望推动一场“从手控到声控”的智能家居变革，通过发出语音指令实现开灯、调光，开关电视、空调等智能家电的动作，进而实现整个家庭的智能交互。

3. 区块链技术应用

科大讯飞数字广告CTO刘杰在中国广告协会举办的《区块链在互联网广告领域的应用》研讨会中指出：区块链将成为继人工智能之后有望革新营销生态的最强驱动力，其重大意义在于将革命性地实现全域数据打通。

2020年5月20日，全国人大代表、科大讯飞公司董事长刘庆峰在接受采访时表示，运用大数据、云计算、区块链、人工智能等前沿技术推动城市管理手段、管理模式、管理理念创新是城市治理科学化、精细化、智能化的重要体现。

4. 案例启示

在数字经济背景下，传统企业数字化、数字企业区块链化是一种必然选择，科大讯飞通过语音技术赋能家电行业，让我们的家电更为智能，同时，科大讯飞拥抱区块链，使用区块链的不可伪造、不可篡改的特点，将家电和人的身份数字化，保证了虚拟世界身份的真实性。

资料来源：笔者根据多方资料整理而成。

八、区块链＋广告

2019年11月5日，中国电信、蒲公英链、华为荣耀三方联合宣布开启重要战略合作，通过多方参与、资源共享、价值整合的模式，联合打造蒲公英链新媒体平台，并利用人工智能等创新技术，全面赋能线下实体经济，为实体店铺打造多维赢利模式。区块链赋能广告业如图3-11所示。

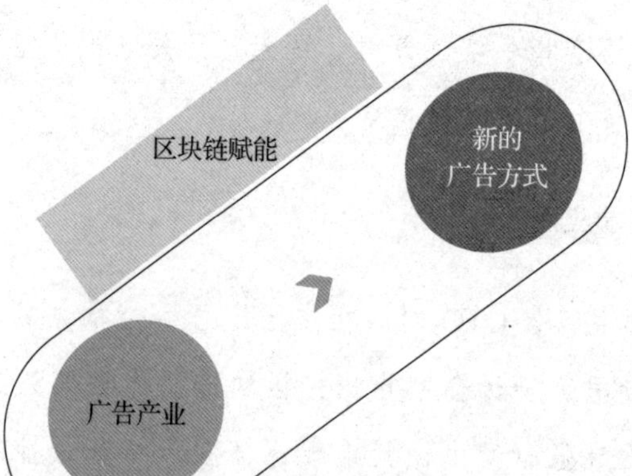

图3-11　区块链赋能广告业

2020年8月17日，百度与蒲公英链在北京正式签署战略合作协议，双方携手针对小度在家智能屏推进线上线下的深度融合，通过资源共享和业务合作共同探索家用智能终端的落地应用，以及基于社区家庭入口的精准广告营销方式。双方联合打造基于小度在家的精准互动营销平台，将全面开启社区家庭广告模式的新篇章。蒲公英链与百度的本次战略合作是利用“区块链＋人工智能＋大数据撮合引擎”技术针对传统广告行业的一次颠覆性的改造及升级；未来双方将进一步进行技术对接和市场资源整合，为广大家庭用户、社区商户、品牌广告主和合作伙伴构建多方共利、共赢、共生的“区块链＋信息服务”广告新生态。

专栏 3-4

蒲公英链：公正的广告资源

1. 项目介绍

蒲公英链成立于 2018 年，是将新技术应用于广告传媒行业，打造广告消费的信用链，从根本上解决了广告主投放成本高、转化率低的核心问题，降低广告投放门槛，并以 SaaS（Software as a Service，软件即服务）的形式给餐饮、美发、健身、足疗等线下实体行业赋能，链接广大线下实体店铺成为生活圈新媒体。

蒲公英链锁定具有消费时间、消费意愿、消费能力和行动力的四类生活圈媒体目标人群，抢先开拓与楼宇场景并行的生活圈媒体第二大赛道——实体店铺场景，在新一轮流量数字化大时代展开角逐。

蒲公英链将紧抓生活圈实体广告缺口，直触场景化生活圈这个蕴藏千亿价值的实体广告市场，通过布设在实体店铺的蒲公英宝盒为实体店铺快速构建多维获益模式，包括提升客单价、提高复购率、高效引流、提高营收、节省成本等多用途和功能，多元化赋能线下实体店铺。

2. 挖矿逻辑

蒲公英链的运行逻辑是：对于广告主而言，使用蒲公英链可以按用户类别精准投放，所有投放费用均与转化相关，实现广告按效果付费；对于广告受众而言，每一次的关注均可转化为收益。

蒲公英通过服务上链实现整个信息透明化，并通过Token经济激励、平台分红等方式让链上的每个用户共享资源与收益。平台上的每个用户既是价值的创造者、利益的分享者，也是平台的所有者。任何加入蒲公英计划的用户，都可通过蒲公英代币——DDO购买平台上的智客资源及服务，按照DDO持有比例，享受DDO的增值价值，项目方的糖果分红及平台利润分红。

3. 落地实施

目前，蒲公英链业务范围已覆盖北京、上海、广州、天津、重庆等多个城市，涉及餐饮、美业、养生、健身、教育、4S店、商业综合体等线下实体行业。青鸟体育、吉米造型、中易商学院、鹿港小镇、合生汇五大行业代表企业现场与蒲公英链签约，共同推进蒲公英链在各实体行业的快速落地。

蒲公英链的创新赋能模式为实体店铺发展开拓了全新蓝海，未来将不断扩延服务链条，在蒲公英宝盒上引入更多实体店面赋能功能，同时在广告传播链条上，在保护用户隐私的同时，更客观评估广告效果，对用户的行为数据和广告效果数据进行跨场景对比，使广告主对媒体的效果有清晰的掌控。

4. 案例启示

蒲公英链也是一个注意力经济，我们知道百度、今日头条等都是通过广告来赚钱的，人的注意力就是经济，人们看什么广告，广告主都要付费，蒲公英链就是这样一个的渠道，广告主在蒲公英链投放广告，人群看广告并得到 DDO 这种证明，这种证明的价格由广告主来支付，当然广告主也可以用产品来支付。这是广告区块链应用的一个代表。

资料来源：笔者根据多方资料整理而成。

九、区块链 + 游戏

2018 年 2 月是区块链经济的寒冬期，在这种情况下，市场急需搭建传统产业与区块链技术的嫁接口，而传统产业中最需要用户的就是游戏产业。

2018 年 2 月 9 日，网易发布了一个名叫“星球基地”的内测产品，网易将它定义为“基于区块链生态价值共享平台”，消息一出，群众都很关心，从百度指数也可以看出网易星球的消息一出来立刻就获得了极高的关注度。区块链赋能游戏产业如图 3-12 所示。

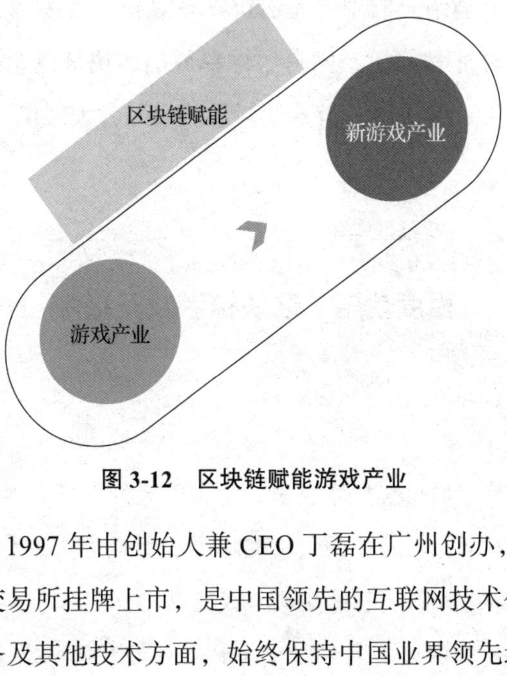

图 3-12　区块链赋能游戏产业

网易公司，1997 年由创始人兼 CEO 丁磊在广州创办，2000 年在美国纳斯达克股票交易所挂牌上市，是中国领先的互联网技术公司。在开发互联网应用、服务及其他技术方面，始终保持中国业界领先地位。本着对中国互联网发展强烈的使命感，缔造美好生活的愿景，网易利用最先进的互联网技术，加强人与人之间信息的交流和共享。

网易星球 App 是由网易最新推出的区块链产品，网易星球 App 用户获得邀请码注册之后就能免费领取数字资产“黑钻”，网易星球 App 还支持信息安全存储、去中心化价值交换等功能。网易星球 App 通过区块链加密存储技术帮助用户管理数字资产，让用户的数据真正为自己所用，网易星球 App 也可以让需求者在星球基地中进行直接交易，并利用“黑钻”进行结算。

这款区块链产品由网易旗下网易金融运营，据该 App 介绍，星球通过区块链加密存储技术帮助用户管理数字资产，在星球基地中进行“黑钻”交易和结算。用户每天可获得“黑钻”奖励，“黑钻”总量有限，且每 2 年产出量减少一半，目前“黑钻”每天产出量约 27 万个。每个人获得“黑钻”的速度与原力有直接关系，原力越高，获得的“黑钻”越多。在星球 App 上进行浏览、交易、社交等活动可增加原力值。注册网易星球需要邀请码，没有邀请码的用户无法获取原力和“黑钻”。

虽然网易星球非常简单，网易星球释放出区块链概念以后，注册量增加了几百万，可见“区块链 + 游戏”对游戏爱好者表现出了强大的吸引力。

专栏 3-5

百度金融：区块链游戏升级版

1. 公司概况

百度是全球最大的中文搜索引擎，中国最大的以信息和知识为核心的互联网综合服务公司，全球领先的人工智能平台型公司。百度的愿景是：成为最懂用户，并能帮助人们成长的全球顶级高科技公司。

百度是中国最大的以信息和知识为核心的互联网综合服务公司。在 AI

驱动下，百度的移动生态是中国最大的以信息和知识为核心的移动生态，以百家号、智能小程序和托管页为主要支柱。2019 年百度用户规模突破 10 亿。百度 App 日活跃用户 2.22 亿，信息流位居中国第一。百家号创作者达到 300 万。百度智能小程序是国内唯一完全开源的小程序平台，月活用户规模破 3.54 亿。百度知道、百度百科、百度文库等知识类产品累计生产超 10 亿条高质量内容，构建了中国最大的知识内容体系。

百度是全球领先的人工智能平台型公司。百度大脑是中国唯一的“软硬一体 AI 大生产平台”，是百度 AI 的集大成，对外全方位输出超过 250 多项 AI 能力。飞桨是中国首个全面开源开放、功能完备的产业级深度学习平台，是中国自主研发的“智能时代的操作系统”。百度智能云是百度 AI To B 业务的重要承载者和输出者，是产业智能化的领导者。小度助手是中国最大的对话式人工智能操作系统，拥有中国市场规模最大、最繁荣的对话式人工智能生态。2020 年 3 月，小度助手语音交互次数超过 65 亿次。作为全球最大自动驾驶开放平台，Apollo 代表了中国最强的自动驾驶实力，被知名研究公司 Navigant Research 列为全球四大自动驾驶领域领导者之一。目前已形成自动驾驶、车路协同、智能车联三大开放平台。在自动驾驶方面，中国第一超过十项，技术实力领跑行业。在智能交通方面，百度“ACE 交通引擎”是国内第一个车路行融合的全栈式智能交通解决方案。

2. 百度金融服务

百度互联网金融业务始于 2013 年，2015 年将既有的金融业务整合组成了金融服务事业群组，并将金融业务上升至百度的“战略级位置”。2018 年 4 月，百度宣布旗下金融服务事业群组正式签署拆分融资协议，拆分后百度金融将启用全新品牌——“度小满金融”，实现独立运营。2020 年 8 月 4 日，《苏州高新区 · 2020 胡润全球独角兽榜》发布，度小满金融排名第 108 位。

3. 百度区块链实验——莱茨狗

2018年3月，百度金融区块链实验室推出了区块链宠物——莱茨狗。点击莱茨狗官网顶端的免费领取栏领取宠物后，有10只形态各异、稀有等级不同的宠物狗供领养，每只莱茨狗被系统冠以体型、花纹、眼睛、眼睛色、嘴巴、肚皮色、身体色、花纹色8个外貌特征。每个特征有两种不同的属性：稀有属性和普通属性。这些属性组合起来，将会决定宠物狗最终的稀有等级，包括普通、稀有、卓越、史诗、神话。每只莱茨狗的价值由其等级决定，而决定其等级的因素就是其身体属性的稀有度。

用户需要以百度账号登录，一个账号可领养两只，并首先需要下载百度钱包。数字狗并不具备现金交易功能，领取时可获得微积分，未来用户可通过使用百度内部产品获得微积分，微积分仅可用于狗市中相应数字狗的购买，不具有任何其他功能。在宠物狗价格上升到一定程度后，用户可以卖出。百度介绍说莱茨狗基于区块链技术，可保证狗的唯一性，并对数据进行确权，令每一只数字宠物狗都不可复制，并且不可被修改和销毁。在该项目首页上，显示着这些宠物狗具有“唯一、值得收藏”的特性。莱茨狗如图3-13所示。

图3-13　莱茨狗

4. 运营模式

百度莱茨狗上线以后，开始每个账号可以领2只狗2000微积分，后来在推广“百度全家桶”时，有的用户账号可以领到7只狗7000微积分，春节期间异常火爆，游戏网络几乎时时都处于“交易火爆”的堵塞状况。2018年3月23日，百度正式开启繁殖功能，停止了0代狗的发放。从上线到停止发放，仅仅47天，狗市已经投放了2000多万只创世0代狗。一些稀有的莱茨狗品种可以卖到1万多元。

在消费者喜欢莱茨狗游戏的同时，百度公司的关联产品尤其是百度金融钱包等的用户量激增，因为玩莱茨狗游戏必须进行百度金融的实名认证和信息填写，庞大的用户量为百度金融带来了潜在的消费和收益。

资料来源：笔者根据多方资料整理而成。

从此可见，区块链在人们生活的各个环节都有重要的应用，这是区块链从货币应用到产业应用的变革，我们期待更多的区块链的应用，区块链技术的发展也必将展现更加丰富多彩的可能。

章末案例

北京互联网法院：天平链

1. “天平链”介绍

北京互联网法院秉持“中立、开放、安全、可控”的原则，联合北京市高级人民法院、司法鉴定中心、公证处等司法机构，以及行业组织、大型中央企业、大型金融机构、大型互联网平台等多家单位作为节点共同组建了“天平链”。“天平链”于2018年9月9日上线运行。通过利用区块链本身技术特点及制定应用接入技术及管理规范，实现了电子证据的可信存证、高效验证，降低了当事人的维权成本，提升了法官采信电子证据的效率。截至目前，已经吸引了来自技术服务、应用服务、知识产权、金融交易等9类23家应用单位的接入。“天平链”的建设及运行，实现了以社会化参与、社会化共治的方式，践行“业务链、管理链、生态链”三链合一的“天平链2.0”新模式，打造了社会影响力高、产业参与度高、安全可信度高的司法联盟区块链。

2.“天平链”的应用框架

“天平链”按照事前评估、事前上链、事后勘察的原则进行信息的区块链存证。所谓事前评估，就是事前对接入系统的安全性、电子证据司法效力进行评估，这是保证证据来源的可靠性，只有将真实的数据进行区块链的存储才是有意义的，因为如果为假的数据，即使进行了区块链的存储，它的证明力仍是有限的，所谓事前上链就是说系统产生电子数据后，第一时间将数字摘要值上链，“天平链”返回存证编号。通过这种及时性，保证电子数据在时间上是可信的，没有经过中间的转接和流通，也防止了在中间传输过程中数据被污染。所谓事后勘验，就是说发生纠纷时，当事人上传原始数据和存证编号，法官利用“天平链”在线勘验电子数据的真实性。可见，通过区块链的存储、公示，电子信息的可信性是有科学基础的。

3.“天平链”的数据公示

为了打造社会影响力高、产业参与度高、安全可信度高的司法联盟区块链，加入天平链的节点有北京市高级人民法院、北京互联网法院、北京市方圆公证处、国家信息中心电子数据司法鉴定中心、北京中海义信司法鉴定所、北京市长安公证处、标新科技（北京）有限公司司法鉴定所、国家工业信息安全发展研究中心司法鉴定所、中国信息通信研究院、中央企业电子商务联盟、北京国创鼎诚司法鉴定所、北京市国信公证处、中国电子商会，这就保证了数据来源是可信的、可靠的、权威的。

4. 利用区块链进行司法审判

截至2019年4月11日，北京互联网法院“天平链”在线采集数据达3598143条，在线证据验证数据657件，已有58例涉天平链证据的案件，其中40余件已成功调解或撤诉。例如，原告A公司一张已登记著作权的图片被被告B公司在其公众号文章中使用，原告要求被告赔偿7000元及为制止被告侵权支出的合理费用3000元。据北京互联网法院介绍，在本案中，原告的证据就留存在区块链中，诉讼发生时，原告通过北京互联网法院电子诉讼平台进行网上立案，同时提交起诉状、用户身份验证信息、确权存证原文件、侵权线索原文件及包含区块链存证编号的文件。北京互联网法院电子诉讼平台调取“天平链”进行自动验证，验证结果显示，涉案证据自存证到“天平链”上线后未被篡改过，得出区块链存证“验证成功”的结果。北京互联网法院对该电子证据的真实性、合法性和关联性均予以认定，并采纳该证据依法做出了判决，最终判决被告赔偿原告经济损失及合理开支2500元。

5. 案例启示

通过“天平链”我们可以看出，利用区块链技术保存电子证据，不仅能够防止证据灭失，也能证明电子证据的真实性，最重要的是，可以提高司法审判的效率。在数字经济中，大量的电子证据需要进行验证或者佐证，如果利用区块链技术，我们可以实现不见面审判，实现实时的验证、自动化的验证，通过科学的力量让原被告双方心服口服，也可以节省大量诉讼成本，对于和谐社会的建设具有巨大的推进作用。

资料来源：笔者根据多方资料整理而成。

本章小结

本章介绍了数字经济的发展与机遇。随着时间的推移，经济的形态已经从农业经济、工业经济迈向数字经济。数据经济是建立在信息的基础上对传统产业的颠覆和升级，在数字经济环境下，人们的生产更加有效，生活更加美好，中国已经成为世界第二大数字经济强国。

在数字经济的发展中，区块链技术作为底层技术，为互联网、物联网的发展提供了可靠的保障，加密技术是区块链技术的一个基本组成部分，通过数据加密保证了电子信息在传输中的可靠性。因此，可以看到，在我们生产生活的方方面面都能看到区块链的身影。

第四章

股权区块链数字化转型：STO

越来越多的人明白，区块链技术是第四代工业革命。区块链技术正在加速推进所有相关产业的数字化转型，这不是某个行业的事情，也不是某个公司的转型，而是从整个思维理念的数字转型。因此，与以前的工业革命一样，区块链技术从一开始就适用于各行各业，并从与各行业融合开始，对行业进行着重新设计。这个过程就是公司的股权数字化 STO，就是将股权以区块链的形式体现。它本质是利用区块链不可伪造、不可篡改的特点，进行股权的融资和交易，使股权流通更方便、更快捷。有一些项目通过区块链融资和交易，将技术资产共享、共有、共建设，成为技术巨头，有一些项目浑水摸鱼，卷款跑路。整个行业正在期待沙盒监管。

今后，数字世界将会区块链化，将会被产权很精细地去分割。而智慧零售的下一步，就是通过区块链技术把消费者的数字产权还给消费者。每个人的交易记录都在账本里，其中包括消费的习惯，数字化的痕迹只有消费者同意让你看，才能看。每个人都有一个数字化的区块链上的 ID。

——汇丰商业院院长　魏　炜

开章案例

工银玺链：中国工商银行区块链探索

1. 公司概况

中国工商银行成立于1984年1月1日。2005年10月28日，整体改制为股份有限公司。2006年10月27日，成功在上海证券交易所和香港联交所同日挂牌上市。经过持续努力和稳健发展，已经迈入世界领先大银行之列，拥有优质的客户基础、多元的业务结构、强劲的创新能力和市场竞争力。将服务作为立行之本，坚持以服务创造价值，向全球超860万公司客户和6.8亿个人客户提供全面的金融产品和服务。

中国工商银行始终坚持稳中求进、创新求进，持续深化重点发展战略，积极发展金融科技，加快数字化转型；始终坚持专业专注，开拓专业化经营模式，锻造“大行工匠”。连续八年居英国《银行家》全球银行1000强和美国《福布斯》全球企业2000强榜单榜首、居美国《财富》500强榜单全球商业银行首位，连续五年居英国Brand Finance全球银行品牌价值500强榜单榜首。

2. 中国工商银行的区块链尝试

中国工商银行于2015年就开始进行区块链研究，并在2017年专门成立了区块链研究机构，通过吸收借鉴社会机构中区块链技术的先进经验，并结合中国工商银行本身的金融业务特点，将区块链技术与金融相结合，于2018年率先推出了金融行业首个具有自主知识产权的企业级区块链平台——工银玺链。之后，在国家政策出台以后，中国工商银行在国家网信办完成了区块链服务信息备案，并通过了工业和信息化部指导中国可信区块链联盟进行的可信区块链全项技术测评，是我国首家通过技术测评的银行机构。

目前，中国工商银行区块链落地场景已涵盖贸易金融、供应链金融、专项资金管理、金融资产服务、民生服务、智慧政务、数字资产等领域，并且在“一带一路”、乡村振兴、数据市场、双碳等方向上均有创新场景落地。可见，中国工商银行利用强大的技术支持，在众多的场景中，实现了区块链技术结合，通过区块链技术，在提升服务能力、推动资产流通、业务降本增效等方面积极赋能业务发展。凭借行业领先的区块链技术平台和丰富的创新应用场景，中国工商银行入选了福布斯2021“全球区块链50强”榜单。

3. 区块链项目介绍

据中国工商银行首席技术官吕仲涛介绍，中国工商银行区块链技术在银行的多项服务中均有应用。

在民生服务方面，中国工商银行借助区块链提升机构客户平台公信力，为慈善机构客户提供项目管理、线上捐款、支付见证、捐款溯源、银企对账等多元化的金融服务，构建了区块链慈善金融生态。从而实现了集金融服务、慈善透明、公益溯源于一体的区块链服务，持续推动慈善公益行业的透明化、合规化。目前已在全国多地先后应用，为全国超200家慈善机构提供溯源上链服务，公益捐赠超500万笔，为百万笔扶贫订单提供溯源服务，资金总额超3亿元，起到了良好的示范作用。

在智慧政务方面，中国工商银行联合山东省医保局建设了医保区块链平台——鲁医链。将电子处方、药品配送、支付交易等信息上链存储，通过医院、药店、银行、监管共建联盟链，达到多方信息安全共享，构建多方信任，保障医疗监管数据的阳光透明，实现医保资金的穿透式监管；同时因区块链电子处方不可篡改且可追溯，实现了医疗机构电子处方链上安全共享和高效流转。目前已在山东省多个地市全面铺开应用，上链电子处方超2万笔，助力医保服务金融平台支付金额超20亿元，后续将面向全国推广。

在供应链金融方面，中国工商银行运用区块链技术率先推出了银行增信无条件保兑产品——工银e信。工银e信作为可流转、可融资、可拆分的数字信用凭据，可为产业链上下游企业注入核心企业信用加成、盘活供应链应收账款、实现全产业链银行资金支持、降低上游供应商的融资成本。通过打通产业端贸易流和资金流的信息孤岛，解决优质核心企业授信难以随产业链进行深度延伸等问题，使产业链末端的小微企业也可便捷地获得低成本融资，惠及众多行业。自2019年1月上线以来，上链企业超1.3万家，累计融资金额超530亿元。

在资金管理方面，中国工商银行联合雄安新区，推出了雄安征迁安置资金管理区块链平台。在业界首次将区块链技术应用于征拆迁资金管理、工程建设资金管理场景，基于智能合约实现资金穿透式拨付，防范资金挪用风险，保障资金拨付阳光透明、资金安全发放。平台自2019年1月上线以来，已累计完成资金拨付超500亿元，取得了良好的应用成效。

在贸易金融方面，中国工商银行创新打造了“中欧e单通跨境贸易金融平台”，是全国首个基于中欧班列多式联运一单制的跨境贸易区块链平台，解决了单据流转慢、贸易背景待核实、信息不对称等业务痛点，交单由线下流转约15天到线上准实时送达，业务效率提升超90%，为“一带一路”沿线贸易企业提供便利的贸易服务和信息支持。平台打通了进出口企业、物流公司、银行、运营机构之间的信息壁垒，通过加速数据流转和信息共享，促进了业务环节的流转效率，实现各方互信互认，并在一定程度上解决了贸易背景真实性难以核验的问题。该创新案例入选了中组部编写的《贯彻落实习近平新时代中国特色社会主义思想在改革发展稳定中攻坚克难案例》。

4. 项目启示

中国工商银行是中国国有大行之一，其进行的区块链试验发展早、起步高、落地快，在区块链应用中，涉及方方面面，在各个服务场景均有很好的落地效果，中国工商银行的区块链试验和应用是区块链技术的一个缩影，区块链技术在促进数字化转型中体现出强大的动力和广阔的前景，我们应该研究学习中国工商银行的先进经验，不断探索区块链技术的未来。

资料来源：笔者根据多方资料整理而成。

Token，中文翻译是标志、象征、礼券、代金券、标记、令牌、记号、信物。在区块链经济中，称为“通证”，股权是所有企业的基础，股权数字化转型能够为企业的决策和融资交易带来方便，释放企业的活力，在数字经济背景下，股权的数字化之路还在继续，如股权交易从审核制改为注册制，尽量地促进股权数字化流通，区块链技术在股权数字化的过程中，起到的作用是巨大的。

第一节　股权数字化

一、金融数字化转型为企业注入动力

1. IPO——股权数字化交易

首次公开募股（Initial Public Offering，IPO），是指一家企业或公司（股份有限公司）第一次将它的股份向民众出售。

提起上市和上市公司，几乎尽人皆知，而向公众出售，在目前的情况下就是上市，通过国家设立的股票市场向公众发行股票。在中国目前的情况下，上市分为中国公司在中国境内上市（上海、深圳）证券交易所上市（A 股或 B 股）、中国公司直接到境外证券交易所（如纳斯达克证券交易所、日本交易所、多伦多证券交易所等）（H 股）及中国公司经由在外洋设立离岸公司并以该离岸公司的名义在境外证券交易所上市三种方式。

企业通过 IPO 进行股份转让，同时获得公众的大量资金，运用筹集的资金发展壮大，同时也增强了企业的知名度和社会信誉，因此，很多企业都将上市作为企业的目标。传统产业的发展之路如图 4-1 所示。

图 4-1 传统产业的发展之路

从全球范围来看，市值最大的上市公司——苹果公司已经超过 1 万亿美元。

这远远不是终点，2019 年 11 月 17 日，沙特阿美公司 IPO 内容对外公布，其中，沙特阿美公司拟以 30 ～ 32 里亚尔 / 股（合 8 ～ 8.53 美元 / 股）的价格，共计发行 30 亿股，这些股份约占公司总股本的 1.5%，通过 IPO，可以筹集资金 240 亿美元以上，而此前，沙特王储小萨勒曼宣称，沙特阿美估值应该达到 2 万亿美元（14.0278 万亿元），这次 IPO 将刷新全球上市公司的市值。

2019 年 11 月 26 日，阿里巴巴在港交所主板正式上市，开盘价报 187 港元，较发售价上涨了 6.25%，总市值超过 4 万亿港元，超越腾讯和阿里巴巴成为港股第一大市值公司。据招股说明书，阿里巴巴此次 IPO 募资 880 亿港元，这笔资金也将继续助力阿里巴巴的发展，使阿里巴巴保持行业领先的地位，同时，也对阿里巴巴企业集团对外收购、全球扩张、科技转型等都具有战略意义。

总之，一个伟大的科技公司，一定善于利用资本的力量飞腾。而很多人测算，区块链企业的总市值却远远不及一个上市公司，这也是区块链技术的潜力和充满希望的理论基础。区块链科技将改变很多企业，如图 4-2 所示。

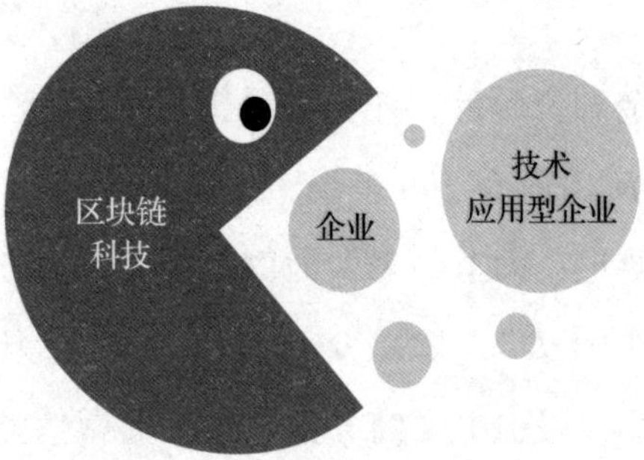

图 4-2　区块链科技将改变很多企业

2. 众筹

说到金融，众筹是不可或缺的，因为它代表了金融、融资和收益的本质。一个人的资本是有限的，很多人可以为一件事集资。众筹原本是挣扎中的艺术家为创作筹集资金的一种手段，但现在已经演变成初创企业和个人为自己的项目争取资金的渠道。众筹网站使任何有创意的人都能从几乎完全陌生的人那里筹集资金，消除了传统投资者和机构融资的许多障碍。

众筹平台可以帮助创业者知道如何准备和展示自己的项目，从而吸引更多的投资者。此外，众筹平台还可以提高信息共享、谈判和融资的速度。众筹平台（如 Angellist、Fundable、JD 众筹）和阿里巴巴众筹都有自己的技术来帮助简化融资流程。

众筹平台有无数投资者使用。投资者形成一个群体，众筹平台往往帮助他们相互沟通，并在尽职调查中提供投资帮助。借助群体智慧，投资者往往可以做出更理性的决策。

2015 年 7 月，国产动画片《西游记：大圣归来》创造了票房奇迹，许多投资该片的众筹投资者也取得了不少收益。据了解，该片共有 89 位众筹投资者参与，总投资 780 万元，预计分红 3000 万元，已近翻两番。众筹不仅提供了资金，还为项目方提供了其他资源，因为有的投资者是法人实体，有的是投资者，投资额少则 1 万元，多则几十万元。除累计投入 700 多万元外，部分投资者还在北京、上海等一线城市为该区域提供了长期免费户外广告。

众筹除提供资金和资源外，还为项目提供了客户，如图 4-3 所示。仅面向投资者的专场演出就有 200 多场，这些预期的年收益直接贡献了影片的票房。以《西游记：大圣归来》为例，所有投资方的名字在影片结尾也被标注为“众筹制片人”。除了众筹投资，《西游记：大圣归来》与电影《万物生长》一样，吸引电子商务做合拍，而微信电影票则是电影的合拍人。微信售票平台也为《西游记：大圣归来》的票房反击提供了很大帮助。该平台上映影片数量占总票房的 34%，总票房也达到 2 亿元。

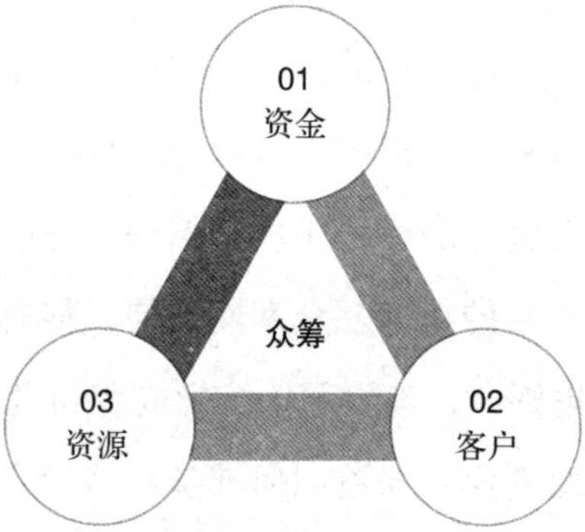

图 4-3　众筹为项目带来的资源

3. 众筹的区块链数字转型

股权数字化一直是区块链技术追求的目标，或者说是早期的试验目标，早期的股权区块链融资，实际上是一种与众筹结合的融资方式，但它融资成功后，会给投资者一种区块链凭证作为投资的证明。融资获得的资金作为技术开发的资金，将来技术开发成功以后，区块链凭证可以转让进行资金回收，这就是最早的方式，但是，因为区块链技术的复杂性，大部分项目进行的融资都是在编造概念，消耗人民对于新技术的想象，真正融资后去做技术开发的公司非常少。

2018 年 6 月底，一个区块链公链技术开发项目 EOS 白皮书出炉。尽管有各种各样的疑问，EOS 在短短 5 天内筹集了 1.85 亿美元。EOS 融资成功以后，一直在做相关技术的开发。

EOS可以理解为企业操作系统，是一个为商业分布式应用而设计的区块链操作系统。EOS是一种新的区块链体系结构，旨在扩展分布式应用的性能。EOS的主要特点如下。

（1）EOS有点类似微软的Windows平台。通过创建一个开发者友好的区块链底层平台，支持多个应用同时运行，为DApp的开发提供底层模板。

（2）EOS通过并行链和DPOS解决了时延和数据吞吐量问题。EOS每秒可以处理数千个数据，而比特币每秒大约有7个事务，以太坊每秒有30～40个事务。

（3）EOS不收服务费，受众面更广。在EOS上开发DApp所需的网络和计算资源是根据开发者拥有的EOS的比例来分配的。当你有EOS的时候，它就相当于有了计算机资源。随着DApp的发展，你可以将自己的EOS出租给其他人。仅从这一点来看，EOS就有广泛的价值。简单地说，如果你有一个EOS，就等于有一块地租给别人盖房子。

EOS公链技术也得到了比较权威的测试，2018年，中国工业和信息化部下属赛迪区块链研究院在连锁反应会议上发布了第三期全球公链技术评估榜单。结果显示，EOS公链技术评估总指数为145.6，蝉联榜单首位。EOS的案例说明，金融与科技的创新是不断发展的，通过向公众筹集资金并且回馈给公众良好的技术产品，同时促进了科技的进步，这就是科技与金融的结合。

专栏4-1

旺链科技：区块链技术专家

1. 公司概况

旺链科技是高速成长的国家高新技术企业，总部位于上海，在宁波、合肥、长沙、西安，以及雅加达、新加坡设有分公司。2020年，旺链科技荣膺“亚洲创新企业Top10”。

旺链科技以数据中心运营、云计算为依托自研云管平台和云操作系统，为全球客户提供前沿的高新技术解决方案，包括智慧农业、区块链溯源、工业互联网、边缘计算、元宇宙模型渲染、高速分布式存储、自治组织管理等多个应用场景，已成功为航空、政府、金融、能源、农业、医疗、教育、房地产和快消等十数个行业的数百家客户提供服务。

2. 主要解决方案

产品溯源解决方案。利用区块链技术将不同的商品流通参与主体的信息数字化后存进区块链中，涉及产品全流程主体，包括原产地、生产商、渠道商、零售商、品牌商和消费者，使每一个参与者的信息在区块链中都可被查看。保证产品信息透明化，全流程任何环节均可真实追溯，提升产品的可信度。

版权保护解决方案。利用区块链技术打造版权保护平台，帮助原创作者快捷实现内容版权上链，保证版权唯一性。全面覆盖多种知识产权类型，解决当前版权保护成本高、效率低等问题，为著作权人提供高效的版权保护解决方案，同时，提供基于区块链的版权交易解决方案，助力知识产权产业健康发展。

股权交易解决方案。通过区块链技术打造股权交易转移平台。可将股权归属方的信息、研发关键信息、公司基本信息、股权信息、期权信息，以及不断变化的信息记录在区块链分布式账本中，以提高信息的透明度和可靠性，同时帮助版权出让方与投资方之间进行信息整合。

园区综合管理解决方案。基于区块链技术，搭建成果转移与服务商技术平台，改善孵化企业之间的价值资源流通少、协同效应弱的现状，帮助服务商找到更多优质客户，同时提升客户开源动力，实现多孵化园区资源对接、园区之间的信息共享，真正做到公平公正、互惠互利。

电子发票解决方案。以区块链技术为支撑，构建电子发票生态圈，使第三方平台、自建平台和电子发票第三方平台之间能够实现数据的互通和共享，为消费者和企业带来真正的实惠。

供应链金融解决方案。融合区块链的数字供应链金融平台，搭建金融机构、产业链核心企业、链属企业、供应商等多方联盟信任体系和价值网络，释放传递核心企业信用，降低产业链资金结算成本、融资成本，增强资金和资产流动性，促进整个供应链金融生态良性发展。

固定资产上链解决方案。针对大额固定资产证券化强烈的资方需求和广阔的市场场景。旺链科技以区块链作为底层技术，帮助客户将固定资产上链，围绕核心企业进行估值、确权、抵押、交易，解决大额固定资产流通难问题，促进金融流通效率提升。

营销解决方案。基于区块链技术，搭建全新营销和激励模型，并以区块链为底层打造电子销售商城。开放的区块链营销平台，保证数据公开透明，为企业、社区成员、消费者建立信任通道，提升品牌背书，刺激销售增长。

可信众筹解决方案。利用区块链技术打造可信众筹平台，将数据信息公开透明化，降低众筹中和众筹后的资金被使用的信息不对称的情况，引入智能合约来对款项进行专款专用，以最大化保护投资人的权益。

物联网高效价值转移解决方案。旺链科技聚焦于解决物联网数据的安全、流通、交易、共享上，通过去中心化的区块链技术，实现任意规模、任意类型物联网节点的接入，打破数据平台壁垒。使物联网设备商、建设方、数据拥有者、数据需求方在价值网络中可以各取所需，形成完美的物联网业务闭环。

3. 用户案例

旺链科技的用户非常多，我们以点筹网的解决方案为例：点筹网成立于2014年，是中国领先的“三农”产业加速服务平台。点筹网业务涉及农村金融、农业服务、农业电商、农业科技四大领域，依托味蕾大数据系统和农村资产竞价系统两大核心数据云，打造农业生态链闭环系统，为传统农业赋能，实现向智慧化、品牌化的现代农业转变。作为“三农”产业的标杆企业，点筹网一直致力于为农业提供深度服务，农业投资众筹是一个较好的发展方向，但是在项目落地过程中，却不得不面对传统众筹的一系列亟须解决的难题：一是数据共享难，业务数据存储、流转依赖中心服务，中心化平台的运营存在信任缺口；二是数据真实难，数据修改、造假成本低，且数据透明度往往较低，交易双方存在信任风险；三是机构监管难，政府及社会监管机构，往往难于获取真实的原始数据，且数据及时性不够；四是追究责任难，款项的去向难以追查，涉及的流程较多，一旦发生问题，追责流程烦琐且工作量较大。

通过运用区块链技术，搭建新型众筹平台，在各个业务节点建立统一的公共账本，保存项目、交易、资金去向。在众筹过程中，创建多个监管节点，投资人、项目发起人、监管机构可以从任意节点进行众筹工作，监控众筹项目，使每笔资金使用去向明确。区块链以信息链形式记录交易，将缺乏上下文的交易设置为可疑，完善资金去向管理。实现了多中心、信息高度冗余，使得众筹平台中介职责更加明确，提升了用户信任度。

4. 案例启示

旺链科技作为区块链应用的专业公司，深耕区块链的应用场景，在区块链技术的应用落地方面，积累了丰富的经验和客户资源，是区块链应用落地场景的典型公司之一，它在众筹方面的结合创新，为众筹行业提供了典型管理模板，促进了融资的公开透明化，也为众筹行业的发展提供了有力支持。

资料来源：笔者根据多方资料整理而成。

二、区块链数字转型需要监管

股权区块链的创新，在早期产生了很多空气币。所谓空气币，就是利用股权区块链化的概念进行非法融资，实际并不开发技术，而是卷款跑路，这种行为给整个社会信用带来了巨大的危害。在筹集的资金缺乏监管的情况下，开发成本和犯罪成本明显不成比例，众筹人筹集到资金后，与其冒着巨大的开发风险进行开发，不如将现有资金使用和挥霍，毕竟整个行业的管理还不健全，因此一些人打着金融创新的名义，进行集资诈骗。股权区块链融资如图 4-4 所示。

图 4-4　股权区块链融资

在市场开始之初，大部分股权区块链的创新缺乏实质性创新，一切全靠理想支撑。而这些理想，通常并没有实现。

在市场不透明的情况下，一切还是依赖于创业团队，所以说，融资的形式和方式不重要，重要的还是要看项目，看实际的项目前景，股权区块链化并不是说区块链能够解决一切问题，而仅仅是为融资和投资提供一个透明的工具。一些人感觉区块链技术很先进，并且融资者也夸大区块链的作用，实际上，区块链与所创造的项目毫无关系或者是不可能实现的幻想。总之，去中心化并不是万能的，有的行业、有的产业需要中心化，因为中心化效率更高，容量更大，去中心化的解决方式目前还有很多的技术难题。

1. 区块链数字转型需要加强监管

金融产品的区块链转型需要监管，因为区块链只是一种技术方案，而金融才是本质应用，所以涉及金融方面的区块链方式，都应该遵守金融方面的法律和政策，不能打着创新的名义进行无序的、扰乱市场的行为，PlusToke 案件就是典型的例子。

专栏 4-2

Plus Token：市场盗猎者

1. 项目介绍

Plus Token 宣称自己是智能搬砖钱包，号称币圈余额宝，投资者存入 100 万元，复利一年就能赚到 700 万元。用户投资 Plus 智能搬砖钱包，不仅承诺保本，还将获得 10% ～ 30% 的预期收益。在经营上采取所谓的直销模式（实为传销），直接发展一名下线奖励 100%，二层到十层各奖励 10%。

Plus Token 账户可分为“大户”“大咖”“大神”“创始”四个等级，每一级可获取额外返佣：“大户”可额外获得 5% 返佣，“大咖”为 10%，“大神”则为 15%，“创始”可获得平台额外的月度分红和年底分红。

2. 区块链数字钱包

基于区块链技术的数字货币是去中心化的，私钥就像一把钥匙，只要拥有钥匙就可以打开你的保险箱，因此私钥的生成和存储决定了你的资产安全。保存你的私钥的地方就是数字货币钱包，这个数字货币钱包可以分为两大类：热钱包（在线钱包）和冷钱包（离线钱包）。冷钱包主要以硬件钱包为主，也就是将自己的数字货币放在自己可控的硬件范围上，这样数字货币就不能被盗走了。

各种数字货币持有者都需要数字货币钱包用来存储数字货币，而钱包同时还能够搬砖，并且持续增值，这成为Plus Token最大的一个卖点。

3. 案发

Plus Token运行一年多后，终于被查处，公安部门曾公布Plus Token案件的相关细节。该案系公安机关侦破的首起以比特币等数字货币为交易媒介的网络传销案，涉及参与人员200余万人，层级关系多达3000余层，涉案数字货币总值逾400亿元。

根据盐城市法院的判决说明，经苏州瑞亚会计师事务所对Plus Token平台用于收取会员缴纳数字货币钱包地址的交易电子账单进行鉴定：截至2019年6月27日，Plus Token平台共收取会员缴纳的比特币（BTC）31.42万个、比特现金（BCH）11.75万个、达世币（DASH）9.60万个、狗狗币（DOGE）110.60亿个、莱特币（LTC）184.77万个、以太坊（ETH）917.42万个、柚子币（EOS）0.51亿个、瑞波币（XRP）9.28亿个。值得注意的是，2019年6月28日后，仍有非法数字货币转入平台的钱包地址，共计比特币（BTC）6349.06个、比特现金（BCH）1864.15个、达世币（DASH）1671.83个、狗狗币（DOGE）3556万个、莱特币（LTC）2.33万个、以太坊（ETH）8.29万个、柚子币（EOS）110.86万个、瑞波币（XRP）876.33万个。

4. 案例启示

Plus Token这种案件的发生，一方面是传销组织的无处不在，利用区块链技术进行诈骗活动；二是项目本身对于区块链创新的误导。其实，这种所谓的钱包是一个中心化的工具，因为后台完全可以控制每一个账户的数额，所谓去中心化和区块链概念就是骗局。

资料来源：笔者根据多方资料整理而成。

2. 利用区块链创新的诈骗项目很多

虚假的区块链创新项目非常多，因此，广大群众一定要擦亮眼睛，对区块链创新应用项目一定要仔细甄别。目前，涉嫌传销的加密货币有普银币、中非币、宝币、贵币、维卡币、西安钛克币、MMM、雷恩斯电子币、百川币、红通币、中富通宝币、M 币、R 币、暗黑币、皇尊币、克拉币、马克币、麦加币、霹克币、万福币、环保币、环保币 GEC、生态币 ECO 等数百种。

2019 年 4 月 22 日，湖南省衡阳市公安局珠晖分局在官方微信上披露，警方成功破获一起以虚拟数字货币为幌子的网络诈骗案，涉案金额 3 亿余元。涉案嫌疑人 21 人，其中 15 人在场，其中 9 人被检察院批准逮捕。

衡阳市珠晖分局所称“虚拟货币”诈骗案是指 2017 年年底的“英雄链”进行了大规模路演，在项目宣传过程中，“英雄链”在说明书中声称，已取得柬埔寨政府颁发的赌博许可证，并打算建立柬埔寨区块链在线赌博游戏娱乐平台。

凭借神秘的柬埔寨官方背景和众多重量级投资者的认可，“英雄链”HEC 一上市就激起了众多投资者的热情。不过，好景不长，随着时间的推移，“英雄链”中暴露出的问题越来越多。2018 年 1 月，官方宣传的 Ag 亚洲旅游集团等投资方纷纷表示“被平台蹭了”，澄清从未合作过“英雄链”项目；此后，销售团队“2018 年 3 月底登录三大数字货币交易所”的承诺也落空；2018 年 11 月 1 日，区块链浏览器记录了“英雄链”500 个 HEC 的最后一笔交易；最终，HEC 的价格仅为 0.0002 元。与上市时的 0.5 元相比，币值在一年零两个月内缩水了 99.96%，正式成为“空气币”。

一开始，一些投资者希望项目方能为自己“退钱”。然而，他们等到的是“卖方”和“经营者”之间的相互推诿和彻底逃脱。2018 年 12 月下旬，珠晖公安分局接到多名投资客报案，被诈骗金额为几十万元至几百万元。2018 年 12 月 29 日，公安部门正式立案侦查。专案组民警赶赴北京、乌鲁木齐、西安、武汉、郑州等地，抓获犯罪嫌疑人 15 名，扣押电脑 2

台、手机16部，扣押并冻结犯罪嫌疑人资金2000余万元。

据初步调查，“英雄链”（HEC）区块链中的虚拟币网络诈骗案的受害人达数百人。据警察透露，“英雄链”的主要犯罪嫌疑人之一白某在内地和境外分别注册公司。该公司董事长陈某以开发以赌博基金为噱头的区块链项目为名，发行一个虚拟数字货币HEC，引诱大量数字货币持有者“投资”。在短短两个月内，项目方就筹集了近4万以太坊，市值超过3亿元，其中大部分以分红的形式发放给了各级团队成员和代理商。虚假区块链创新项目的套路如图4-5所示。

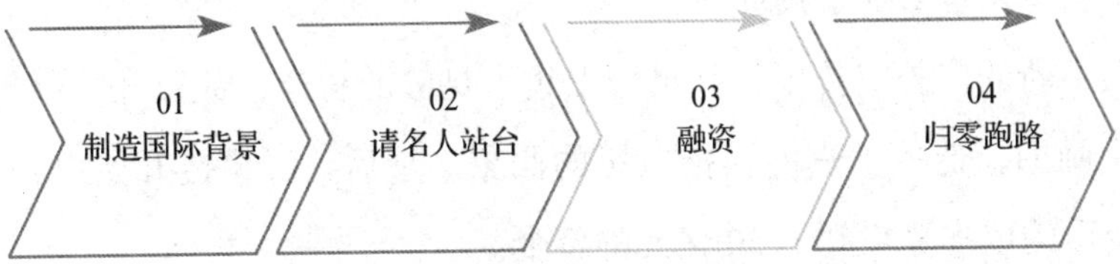

图4-5 虚假区块链创新项目的套路

如果说“英雄链”看上去就很虚假，是个明显的骗局，那么有项目实体的区块链融资也不一定是真实的。在众筹的概念中，我们谈到，电影众筹是应用比较广的项目，相对于发行鸟币、黑洞币等，电影众筹明显好理解，这一点就比较先进了。因为这个行业是群众消费的主要行业。

巨星链号称以联合世界各地的明星演员为特色，与众多行业的名人、明星、导演、制片人合作，构建基于智能合约的以太坊技术结构的母子区块链联合运营模式。只需点击几次，即可与原电影所有者进行透明交易，并自动访问特定的数字保险内容。超级巨星区块链技术是通过USO智能合约、以太坊建立的系统。因为，在目前电影产业的发展情况下，电影行业面临着一些问题，电影制片人将通过大型电影发行公司公开发行他的募资计划，这种模式导致了一些电影公司垄断了电影和电视的生态系统。同时，电影产业汇集了广泛的社会资本和民间资本，解决了消费者和电影院资金不足的痛苦。所以，通过区块链还为很多普通市民提供了参与电影产业投资的机会，是一个创新，这样不仅是电影制作公司、电影编剧、IP电视明星、电视明星，甚至超级明星会员也能够分享高品质的电影和电视作品的利益。

电影加上区块链的概念就是巨星链。巨星链号称和支付方达成战略合作，可共同推进基于区块链的影视合作和支付技术的应用，这样就蹭上了支付公司的信用。巨星链将与更多的区块链应用产业合作，建立基于区块链技术的影像文化应用体系和基于比特币信用的新型高速结算系统。

为了提高币价，他们不断地用文章广告说明自己的资金募集和资金使用计划。通过蹭相关信用单位的热度向外部传播，甚至号称很多机关和机关的下属单位也参加了投资。

在不断的广告宣传下，巨星链聚集了足够的粉丝，甚至开始制作了一些镜头画面，造成了真的在拍电影的假象。最后，巨星链开始以约 25 元造一个币的成本募集到了 50 亿元的资金。

为了制造紧张感，他们不断地宣传是最后的时刻了，马上要升值了、提价了等。经常说，募资只剩最后两个小时。在这种紧张氛围中很多人去买，并且各种各样的信息从各社区陆续传来，投资人根本没有思考的时间。

最终，项目方卷钱跑路，销声匿迹，世界上只留下了一个巨星链的传说，根本没有所谓的电影，也没有所谓的上线。

一切都归零了，所有投资人倾家荡产，几百万元的投资换回来一个数字。血淋淋的事实告诉我们，所谓的区块链技术创新不能脱离监管，脱离了监管的项目，就可能是诈骗项目。

专栏 4-3

布比科技：区块链早期从业者

1. 公司概况

布比（北京）网络技术有限公司（以下简称布比科技）成立于 2015 年

3 月，专注于区块链技术和产品创新，拥有自主知识产权的高性能区块链基础服务平台。布比区块链具备快速构建上层应用业务的能力，广泛应用于产业金融、数字政务、数字资产、供应链管理等领域。

布比科技重点运营分布式供应链金融业务，开发了“区块链 + 供应链金融”平台，截至 2020 年年底，资产总额已超过 220 亿元。布比科技以多中心化信任为核心，致力于打造新一代价值流通网络，让数字资产自由流动起来。

布比区块链坚持自主研发和专利池布局。拥有区块链核心技术专利 80 余项，计算机软件著作权 60 余项，在底层支撑、中间层服务、上层应用等方面取得了一系列技术突破和成果。获重大科研基金支持 10 余项，其中国家自然科学基金项目 2 项。

2. 布比区块链的发展历程

BubiChain 1.0。2015 年，布比科技自主研发区块链底层平台 1.0 正式上线，基于布比区块链落地了国内第一个区块链应用。

BubiChain 2.0。在整体架构、共识算法等方面进行优化和创新，极大地提高了交易吞吐率，并且经过大量的业务积累，完善了底层账本结构和开发接口，让应用开发者更快速地对接布比区块链。

BubiChain 3.0。致力打造商用区块链基础设施，开发了兼容多种语言的智能合约引擎，并提供了集开发、调试、部署于一体的智能合约 IDE。在合规性方面，支持国密算法、数字证书；在隐私安全方面，开发了简洁高效无需交互式的密码技术，让用户的数据真正属于自己。基于 BubiChain3.0 的壹诺供应链金融平台上线。

BubiChain 4.0。为更好地支持商业应用，解决现有区块链功能和性能较难满足高并发、大规模集群应用及数据隐私安全的需求。在可扩展性方面，提供了可横向扩展的多链分片技术；在链的互操作性方面，提供了同构、异构的跨链技术；在隐私安全方面，除了提供余额、地址及附加信息隐藏的隐私保护技术，还提供了数据授权技术。

3. 布比区块链的主要应用

商用级区块链底层平台。布比科技打造了完全自主知识产权、高性能可扩展、产品化成熟的商用级区块链底层平台。过去5年，经过大量场景验证，在区块链技术方面，布比区块链取得了底层技术关键突破：应用开发友好的智能合约、安全高效的共识算法、可靠的隐私保护、并行快速的多链，以及可扩展的跨链技术等创新。同时，经过大量实际业务积累，布比区块链实现了产品化重要突破：应用可快速构建、可视化运维、技术合规及资金账户体系等，形成了完整的产品服务能力。

供应链金融平台——布比壹诺金融。布比壹诺金融是基于区块链等技术的分布式供应链金融网络，利用区块链不可篡改、多方共享的分布式账本特性，创新性地将区块链技术与供应链金融相结合，把传统企业贸易过程中的赊销行为，用区块链技术转换为一种可拆分、可流转、可持有到期、可融资的区块链记账凭证。依托产业链条中的上游核心企业付款信用，释放/传递核心企业信用、打破信息不对称、优化资金配置；为其他环节供应商带来融资的可行性和便利性，为金融机构提供更多的投资场景，提高碎片化经济下的资金流转效益。

4. 案例启示

提到区块链，尤其是提到中国区块链产业，必然会提到布比科技，布比科技作为中国早期的区块链技术开发企业和应用企业，是中国区块链技术公司的代表性企业，布比区块链的技术开发路径也从一个侧面反映了区块链的发展历史，从应用落地到技术创新、从合规管理到跨链发展。区块链的发展从野蛮式增长到逐步正规化，它是不断完善、不断进步的，也将越来越具有拓展性和包容性，这也是未来区块链坚定的发展方向。

资料来源：笔者根据多方资料整理而成。

第二节　监管方向

一、双刃剑

在使用区块链权证融资来攻克区块链技术难题的过程中，虽然产生了很多的问题，但是对于中小企业或者技术团队来说，还不具备进行 IPO 的条件，如何解决发展中的资金问题以推动技术的开发，成为不可回避的问题。很多学者意识到，目前区块链权证是技术创新行业的重要融资机制，有力推动了区块链系统各层技术的创新与发展。例如，在数据层上，零币（Zerocash）扩展了比特币协议，实现了交易信息的完全匿名；在共识层上，未来币（Nextcoin）募集资金，用于开发基于权益证明机制（POS）的区块链；在合约层上，以太坊募集资金发展了一个无法停止、抗屏蔽和自我维持的去中心化智能合约平台；在应用层上，基于支付、数字钱包、资产交易、基金管理、云存储、博彩、网络游戏等各种去中心化应用项目不断涌现。很多人认为区块链凭证类似于我们熟悉的 Q 币，它就是一种特定的在互联网上可以兑换某种服务的数字。

也有学者认为，现金或通货本质上是中央银行向公众发行的债务，由于其具有或有债权性质（Contingent Claims），亦可以看作公众对主权国家持有的权益资产。技术开发区块链凭证是在技术产品在区块链上发行流通的加密股，与债务或权益资产高度相似。

二、数字化沙盒监管

既然“众筹＋区块链”权证融资本质是好的融资手段并且是促进技术发展的动力，仅仅因为被不良用心的人利用而不能得到有序发展，那么最大的障碍就是监管的问题，如何监管区块链权证融资，让它和其他金融手段一样合理、健康发展一直是大家讨论的问题。目前，有的学者已不再对区块链权证融资持完全禁止的态度。他们认为有必要对区块链权证融资进行监督，我们可以对区块链权证融资持谨慎和宽容的态度，但不能让区块链权证融资大行其道。区块链权证融资业务存在于社区和权证交换环境中，社区与权证交换分离，将导致监管的不连续性。此外，权证的交易行为也会导致权证价格严重偏离其项目的内在价值。理论上，权证的价格应该由项目的内在质量决定。如果项目本身没有实际价值，上家只希望下家能以更高的价格接手报价，那么这种投机行为就是典型的庞氏骗局。

监管的建立是为了克服权证转让过程中存在的信息不对称等弊端。一些项目负责人满口都是区块链、石墨烯、量子技术等，他们将技术神化，但投资者并不专业，经常会被吹牛者蒙蔽。另外，一些项目方拿到钱后马上就跑掉了，他们不想努力开发。在这种情况下，就需要资本监管机构。比如，按照白皮书的计划，他们可以分阶段分配开发，一旦出现虚假事件，可以及时止损。专家还提出了几项具体方案：一是建立类似众筹平台的区块链权证融资平台，承担投资者教育、风险预警、项目评定、资格认定、资金托管、信息披露、资金使用、反洗钱等职责；二是对权证交换进行规范；三是引入风险投资的管理理念，让职业经理人选择投资方向，协助项目运作，促进创新，提高项目的透明度。技术项目融资监管建议如图 4-6 所示。

英国和澳大利亚在沙箱监管方面有一定的经验，他们有一个非常明确的金融监管模式来控制。在对项目的监管中，加强投资者教育，提高投资者素质尤为重要。成熟的市场需要成熟的投资者，回顾过去，资产泡沫和以往的金融危机在某种程度上是人性弱点的体现。目前，技术项目融资还是一个技术性很强的新生事物。对其属性的界定和价值的认识还存在很大的争议和分歧。保护投资者需要监管，但从长远来看，未来也需要“普惠性”监管。

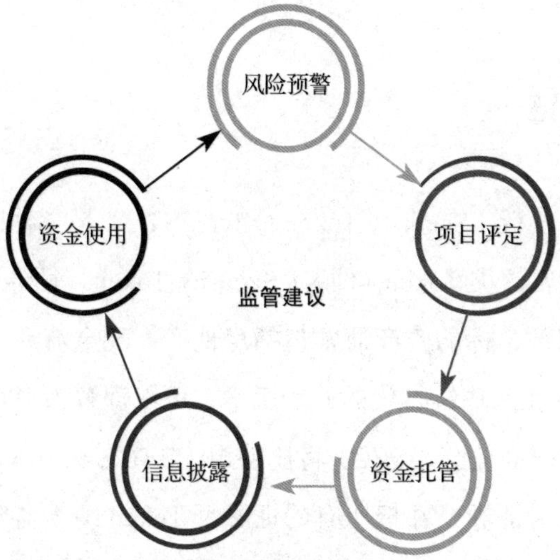

图 4-6　技术项目融资监管建议

在监管设计上，有专家学者提出了具体的操作建议。一是限额控制和白名单管理。对发行的技术企业没有限制，但是应该设定融资额度的限制。二是融资计划管理。从风险的角度来看，传统的风险投资会在项目前期投入一小部分，经过一段时间后再根据项目的进展情况重新评估项目的风险和潜力，从而决定是否追加投资，因此，融资计划的披露也是监管的重点。三是对发行人提出持续的、严格的信息披露要求，并强调反欺诈等责任条款。四是强化中介平台的作用。以对众筹平台的监管为起点，要求平台方开展投资者教育和风险警示，督促发行人在项目融资时进行信息披露，履行反洗钱等其他职责。五是监管部门应尽快主动介入，加强行为监管，全程保留监管干预和制约权。

总之，国外很多国家都把开发项目区块链权证作为一种可靠的金融监管手段，甚至引入了监管体系。这些国家一直走在世界前列，引导着国际资本的方向。我们还应借鉴经验，加强对技术众筹的管理。

第三节　股权区块链数字转型

一、股权区块链

证券型通证发行（Security Token Offer，STO）是一种以 Token 为载体的证券发行，通常这类 Token（即 ST Security Token，证券型通证）代表了对标的资产的权益，标的资产通常包括房地产、现金流或者持有的其他资产。STO 是 IPO 在区块链时代的升级版本，可以理解为 IPO 2.0。

在美国，美国证监会（SEC）将比特币（BTC）和以太坊（ETH）之外的 Token 都归类为证券，并把所有的证券型 Token 纳入监管。虽然各州的政策在执行细节上略有不同，但总体框架仍在 SEC 的准则内，美国市场也是目前全球最大的 STO 市场。Security Token 必须受到美国证监会的监管，此类代币也必须在 STO 交易所交易流通，如全球首个接受 SEC 监管的证券代币交易所 TZERO，在 TZERO 之上进行 ST 代币的销售是符合美国证券法的，如图 4-7 所示。

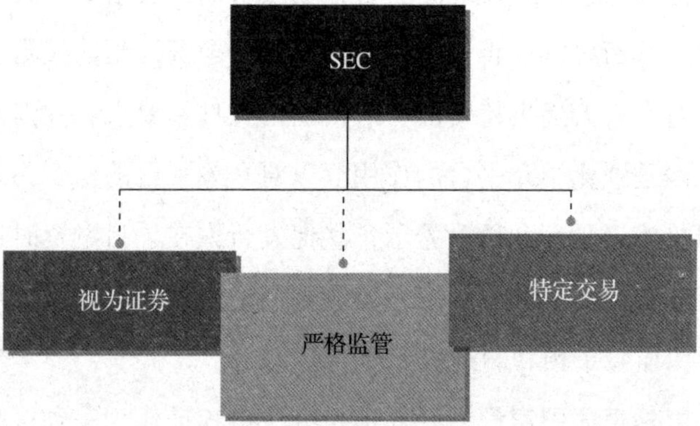

图 4-7　美国对 STO 的管理

西欧各国包括爱沙尼亚、卢森堡、德国、直布罗陀（目前成功案例主要应用于高价值不动产及丰富的高价值艺术、文化遗产等）、加拿大、新加坡、日本等国，对 STO 也采取了相对宽松的监管尺度。立陶宛央行甚至成为全球第一个发布 STO 准则的央行。对于市场而言，立陶宛央行的举动代表了欧洲的企业家切换资产发行和融资方式以代替传统贷款的迫切意愿。对于各国政府，代表了众多活跃在加密赛道的小国的策略“举国体制”“先发展卡位以图弯道超车”。事实上立陶宛也是波罗的海联盟的一员，该联盟早在 2017 年 11 月即表示正式支持区块链技术的发展。同为联盟成员的爱沙尼亚，在加密货币开放程度及实际落地的应用上面，更是全球领先。

二、自由存储与流通

很多人想要问的是，如果公司的股份可以用区块链来记录，那么是否有交易所愿意交易，或者说现有的中心化交易所是否有了这方面的准备和布局？事实上，大部分的交易所已经开始注意到区块链对股权交易的演变和替代作用，并开始进行这方面的探索和试验。其中，公开报告如下。

德国证券交易所。2016 年 11 月，德国联邦银行和德意志证券交易所联合开发了一款区块链原型产品，该产品基于超级分类账项目代码，用于电子证券和区块链的转账，同时还具有债券支付和到期证券赎回功能。德意志证券交易所是超级分类账项目的成员之一，自 2015 年年初以来一直在探索自己的区块链应用。

深圳证券交易所。2018 年 8 月，深圳证券交易所宣布与杭州趣链科技有限公司联合开展区块链应用安全管理与技术研究，解决数据安全技术难题、区块链技术在证券期货行业应用中的隐私保护和智能合约。结合证券期货行业的业务特点，从证券发行、证券交易、资金结算等方面对区块链的底层实施提出了适应性优化改造要求，打造适合行业的区块链应用平台，减少行业重复投资，推动区块链技术在证券行业的应用。

香港证券交易所。2017 年 8 月，香港证券交易所推出了“HKEX 私募市场”的共享服务平台，利用 B 股链技术为初创企业及其投资者提供股票注册、转让和信息披露。

上海证券交易所。2017 年 3 月，上海证券交易所官方平台发布公告称，将与杭州趣链科技股份有限公司联合开发高性能联盟区块链技术，并在主板证券分散竞价中进行验证。2018 年 8 月，上海证券交易所与中国保险资产管理协会签署协议，通过区块链技术合作完善保险和养老产业。

伦敦证券交易所。2015 年 11 月，伦敦证券交易所、伦敦清算所、兴业银行、芝加哥商品交易所集团、瑞银集团、欧洲清算中心联合成立跨行业组织，探讨区块链技术如何改变证券交易的结算和清算方式，探索区块链技术在交易后流程中的应用。

塞舌尔证券交易所。塞舌尔证券交易所成为世界上第一个发行股票代币的证券交易所。正因为如此，它将载入史册。塞舌尔 MERJ 交易所获得了印度洋金融服务管理局的许可，成为证券交易所、清算所和证券托管人（CSD），并引入代币来代表自己的权益。

马来西亚证券交易所。2019 年 5 月，总部位于吉隆坡的马来西亚证券交易所（Bursa Malaysia）开始进行基于区块链的证券借贷概念验证（POC）测试，这也是东盟成员国首次采取这一措施。

需要注意的是，我们要将数字代币交易所和数字股票交易所区分开来，数字股票交易所交易的是公司的股票，这种股票是使用区块链的形式来标注公司股票的，也就是说，它所代替的是实体公司的股份价值。

专栏 4-4

链交融：百年交通银行区块链产品

1. 企业概况

交通银行是中国最早成立的银行之一，它成立于 1908 年，也是近代中国的票据发行银行之一，曾经承担中央银行的职责。1987 年，新的交通银行正式开业，是中国第一家国有股份制商业银行。2005年6月，交通银行在香港证券交易所挂牌上市，之后，在2007年5月，交通银行在上海证券交易所挂牌，成为“A+H”上市公司。

作为中国主要的金融服务提供商，交通银行业务范围涵盖商业银行、证券、信托、融资租赁、基金管理、保险、离岸金融服务等。交通银行业务遍布全国，是全国性的银行，它在国内有235家分行。在全国239个地级市、158个县（市）共设有3270家营业网点；交通银行还是常熟农村商业银行和西藏银行的第一大股东。

2019年《财富》全球500强，交通银行排名第150位，“一带一路”中国百强企业中排名第18位。2019年12月，交通银行入选2019年中国品牌节百强品牌，2020年3月入选全球品牌价值500强。

2. 区块链平台

随着金融科技的迅猛发展，信息技术的应用和影响正逐步渗透到社会、经济、金融等领域。2018年9月，交通银行成功上线了亚洲首个区块链技术CLO项目，即2018年第一期人民币证券化项目，突破了传统证券化技术中信息不对称、缺乏客观性、定价和风险错配等瓶颈。每个区块链节点的智能合约由联盟链成员共同制定，版本一致，规则透明，弥补了传统项目理论模型与实际操作的巨大差距。

2018年12月20日，交通银行依托区块链技术构建的国内首个资产证券化联盟链——“链交融”正式启动，同时，线下的联盟同时成立，这就是“陆家嘴资产证券化联盟”。“链交融”将股东、信托、券商、投资者、评级、会计师、律师、监管机构的工作节点全部上链，将企业资产证券化业务个业务流程更加规范、透明、规范的进行显示。

3. 案例启示

区块链具有不可篡改、可追溯、可验证的特征，有助于建立新的信任机制，通过与资产证券化的结合，能够起到改善和重构“信息中介”（降低信息验证和披露成本）、“信用中介”（提高信用风险定价的效率）和“资本中介”（提升交易流转效率进而提高资金回报率）三大体系的重要作用，如图 4-8 所示。

图 4-8　区块链在资产证券化中的作用

在资产证券化过程中，参与机构比较多，除了监管机构和投资人外，还有资产方以及券商、律师、会计师、评级等中介机构。相关机构在做证券化的过程中，所有参与方将信息写到区块链中，参与机构都可以获得数字签名，登录管理后台可查看资产的现金流情况，有效地降低了机构的工作量。

资料来源：笔者根据多方资料整理而成。

第四节　STO

一、交易区块链转型

理解 STO 的意义，我们需要了解现有的中心化股票交易系统中可能出现的一些问题，如股票变现问题。对许多股票投资者来说，股票交易的意义其实就是赚钱，如果我们有了更好的赚钱方法，我们就需要在股票市场上把钱变现。

上市公司股票变现存在以下几个问题。

（1）第一天买入的股票不能卖出。股票的卖出也有很多限制。比如今天买的股票，你觉得行情不好，几分钟后就想卖出，这是不可能的。如果你想卖掉股票，必须要等到明天。

（2）停牌股票不能卖。如果你买的股票恰好因为开会或其他杂事而停牌，因为它们不能被交易，你的股票自然不能被出售，只能成为一种数字，不能提取现金。

（3）当日卖出的股票买入但不能提现。当日卖出的股票可以买入，但不能立即转入银行卡，还需要一天的时间。

（4）必须经证券交易所中央机构办理。如果没有中央机构，交易就无法实现，每个国家都有证券交易所，但证券交易所资源有限，不能分散交易，上市公司很少。

（5）股票交易均为区域性交易，不能实现跨境变现。由于每家证券交易所都是集中交易，交易所有一定的结算限制，股票只能在本交易所变现登记。

上市公司的变现难度较大，但非上市公司的股权变现难度更大。非上市公司股票变现存在以下问题。

（1）非上市公司股票变现渠道少，无法达到向社会公布的目的。因此，买卖双方不透明，缺乏信息沟通渠道。

（2）股票交易登记困难，需要现场登记，容易出现股票造假问题。

因此，股票交易面临的问题如图 4-9 所示。

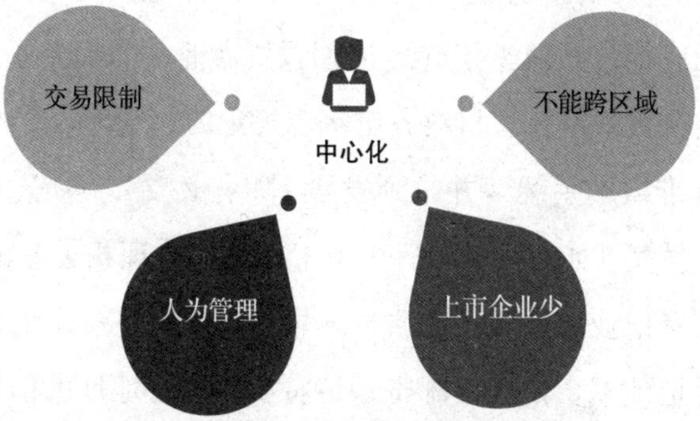

图 4-9 股票交易面临的问题

区块链股票可以完美地解决这些问题，通过区块链的形式记录股票的信息，实现股票的自由拆分，可以在股票交易所交易，也可以将股票存储于区块链钱包，随时随地地交易，可以实现点对点地交易，除去国家股票交易所，小型单位和公司也可以设立股票交易所，因为安全问题得到了极大的保障，除上市公司可以发行自己的股票外，小型公司也可以自由地、成本低廉地发行自己的股票，这些股票可以在众多的交易所交易，交易实现透明化、公平化，用市场来检验公司的业绩，那些上市的门槛或者上市公司的壳资源成为历史，市场可以极大自由地进行融资活动，通过融资自由实现市场自由，促进经济的活跃性和发展。另外，个人之间的股票交易像货币转让一样便捷，不需要进行登记，交易即交割。

二、质押区块链转型

除了变现，股票融资怎么处理呢？作为中心化的记账手段，最显著的问题就是它的公示性，也就是说系统后台的可篡改性，如在股票质押融资中，根据《中国证券登记结算有限责任公司深圳分公司证券公司股票质押登记业务运作指引》（2017 年 5 月 2 日实施），上市公司的股票质押流程分为以下两种模式。

第一种，直接到公司营业厅。① 申请人在营业厅取号，等待叫号码，并按提示到相应柜台办理业务。② 公司投资者业务部柜台业务员对申请人提交的材料进行正式审核。材料齐全符合规定的，受理。③ 申请人应当按照有关收费标准缴纳手续费并收到发票（如有必要）。④ 公司应当在受理申请并收到手续费（如有必要）后 3 个工作日内办理相关登记手续。⑤ 证券发行后质押登记业务完成后，质权人可以选择在下一个工作日到柜台邮寄或者领取登记证书。如选择邮寄，请将填写邮寄地址的信封交给柜台工作人员，公司将加盖业务专用章的《证券质押登记证》于次一工作日邮寄至质权人指定的地址。

第二种，委托具有代理资格的证券公司远程办理。① 申请人可以向具有代理资格的证券公司营业部提交证券质押登记业务申请材料。② 证券公司负责对申请人的申请进行审查并采取必要可行的措施，确保申请人的身份信息和公司要求的其他材料真实、准确、完整。同时，证券公司应当按照法律、法规和公司要求妥善保管申请人提交的申请材料原件。③ 经证券公司营业部批准后，通过公司“投资者登记业务电子平台”（以下简称电子平台）提交申请，经证券公司总部批准后报送公司。④ 公司应当自收到申请之日起 3 个工作日内办理业务。注册成功的，应当在注册日的次一个交易日将电子证书反馈给证券公司，并将纸质结果证书寄送至申请人根据申请指定的邮寄地址。办理不成的，应当在办理日的次一交易日在电子平台上通知证券公司。⑤ 由证券公司代为收取质押登记费。收费标准同公司营业厅收费标准，由证券公司开具相应发票。

非上市公司股权质押流程为。① 由申请人签署或盖章的股权质押设立登记申请书。② 有限责任公司股东名册副本一份，记载出质人的姓名（名称）和出资额（加盖公司印章）。③ 质押合同。④ 出质人、质权人的主体资格证明或者自然人身份证明复印件（出质人、质权人为自然人的，由本人签字；为法人的，由法人盖章）。⑤ 以外商投资有限公司股权出质的，应当提交审批机关的批准文件。⑥ 加盖公章的质押股权所在公司营业执照复印件。⑦ 指定代表或共同委托代理人之证明。

从以上流程可以看出，无论是上市公司还是非上市公司，股权质押融资都需要在一个集中的系统中进行备案和公示。在备案、公示过程中，不仅需要大量的登记时间，还需要各种加盖公章的材料。在身份信息审核和材料审核过程中容易伪造，无论是从技术角度还是从管理角度，都不利于股票的融资和流通。区块链股票质押不存在这个问题，可以通过网络方式随时办理股权质押，并在网络上进行公示，这就是区块链股份的效率和魅力所在。股票质押的问题如图 4-10 所示。

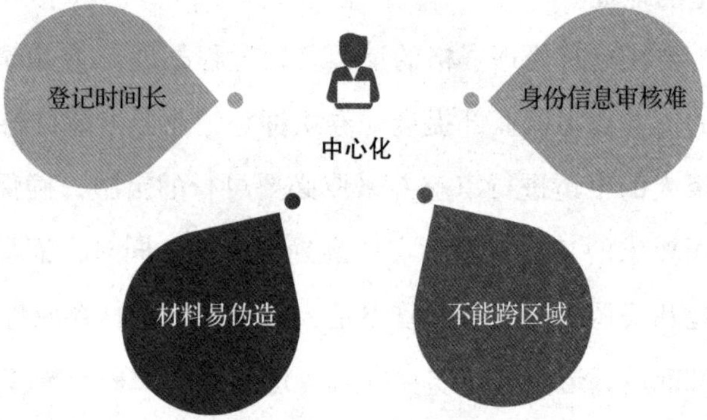

图 4-10　股票质押的问题

三、投票方式区块链转型

公司的股东可能非常分散，持股比例不一，也可能在不同的国家或地区，如果召开股东会，经常会出现不能到场的情况，这对企业的经营管理是非常不利的。如果是非上市公司，进行网络投票面临重重困难，如身份的认证和平台的安全问题等，导致网络投票不能实现，现场参会投票又要消耗巨大的成本。区块链投票可以使这个问题变得容易，因为股票区块链化以后，基于密码的安全使交易机制变得不可攻破、不可篡改，基于统一的身份验证，股票持有者可以进行身份的互认，在网络存在的地方随时随地进行投票，减少了巨大的交通、会议成本。

即使上市公司存在网络投票平台，但是基于中心化的网络平台可能面临各种安全问题。

厦门中创环保科技有限公司成立于 2001 年，前身为厦门三维丝环保有限公司，注册资本近 3.9 亿元，公司 2012 年落户自建工业园区，占地面积 2.4 万平方米，现有员工近 700 人，总资产 20 亿元。公司成立之初，专注于工业高温烟气除尘，集高性能高温除尘滤料的研发、生产、销售和服务于一体，成为国内首家高温袋式除尘上市企业。

2019 年 6 月，中国裁判文书网公布的一份 2017 年的民事裁定书显示，坤拿公司诉称，其为厦门三维丝环保股份有限公司第三大股东。具体情况是这样的。

2017年8月16日，三维丝公司准备召开2017年度第二次临时股东大会，在这次股东大会上，将要对公司的重大决策和董事人选的任命进行投票，这次股东大会非常的重要。坤拿公司作为三维丝公司的股东，根据证监会及三维丝公司的要求，通过国融证券提供的国融证券超级终端版进行了网络投票。但是，意外发生了，由于国融证券超级终端版的系统出现了问题，坤拿公司的投票跟它的意思表达不一致，随后，坤拿公司赶紧向国融证券进行了反映，国融证券厦门营业部接到坤拿公司的反映后没有及时地采取措施，最终坤拿公司的投票是失败的。

坤拿公司的反映称：其作为公司的第三大股东，2017年8月16日下午，坤拿商贸和上越投资分别通过国融证券超级终端版进行了网络投票。投票选举公司的董事，他们对公司其他的人选均投了反对票，而投票给了自己推荐的人员，即对议案5（候选人：廖政宗）投票数填写了：141272584，对议案6.02（候选人：周荣德）投票数填写了：35318146和9556353。以上均提交成功，系统同时显示投票成功。

但是，投票完成以后，他们查询投票结果时发现，他们的投票被投给了别人，而自己推荐的候选人的票数显示为0。对于这个情况，公司要求国融证券人员停止投票，并要求公司暂停公布投票结果，因为，投票系统出现了明显的差错。

国融证券相关人员接到坤拿公司的举报后，将系统错误导致投票结果错误的情况第一时间向深圳证券交易所进行了电话汇报。

但三维丝公司还是于2017年8月16日晚进行了“错误”的公告，此时股东大会决议已经法定程序通过产生法律效力。

对于如此重大的错误，各方的说法不一，都认为错误是由其他原因引起的，国融证券出具了《故障说明》，认为投票作废的原因是投票系统开发商网上交易系统缺陷所致。

在本次的事件中，是系统的问题还是人为的操纵不得而知，但是基于投票的错误产生的后果确是明显的，在上市公司的控制权争夺中，各种问题都会被利用。

回到我们所谈的区块链技术，因为区块链技术是去中心化的，可以说没有人能够控制中心结算环节，所有的交易都是公开、透明、公正的，完全杜绝了人为操作的可能，不可能出现人为造成了系统错误或者人为篡改投票的情况。

所以，投票机制的最终解决方式可能就是使用区块链的方式，这样，增加了投票的公平性，也可以杜绝因为中心化系统问题出现的人为控制因素。

四、股权区块链转型——共有共治共享

1. 公地的启示

公地悲剧与英国的圈地运动有关。在 15 世纪和 16 世纪的英国，草原、森林和沼泽都是公共土地。虽然有耕地的主人，但在农作物收割后，围栏必须拆除，并作为公共牧场开放。由于英国对外贸易的发展和养羊业的迅速发展，大量的羊进入了公共草原。很快，土地开始退化，公地悲剧出现。一些贵族以暴力手段非法获得土地，开始用栅栏围起公地自用。这就是我们在史书中了解到的臭名昭著的“圈地运动”，“圈地运动”造成大量农牧民失地谋生，这在史书中被称为血腥的“羊吃人”事件。然而，在经历了“圈地运动”的阵痛之后，英国人惊奇地发现，草原变好了，整个英国人的收入增加了。由于土地产权的确立，土地的管理更加高效。为了长远利益，土地所有者将尽最大努力保持草地的质量。同时，土地兼并后，家庭生产单位演变为大规模流水线生产，大大提高了劳动效率。正是从“圈地运动”开始，英国逐渐发展成为一个永不落日的帝国。

可见，只要牧场是公家的，大家都不会关心它的好坏，容易造成涸泽而渔的现象，而牧场变成自己的，大家都会注意起来，不再任意地破坏，整体牧场就慢慢变好了，整个经济效率也大大提高了。公地运动的启示如图 4-11 所示。

图 4-11　公地运动的启示

2. 共享经济

提到共享单车，大家首先想到的一定是 oFo 和摩拜单车。共享单车通过公用自行车的方式来解决私有自行车的停车难的问题，寻找解决城市出行“最后一公里”难题的有效途径。

专栏 4-5

哈啰出行：共享经济的引领者

1. 项目介绍

哈啰出行于 2016 年 9 月在上海成立，是国内专业的本地出行及生活服务平台，致力于应用数字技术的红利，为人们提供更便捷的出行及更好的普惠生活服务。

哈啰出行从共享单车业务起步。共享单车大家都比较熟悉，是共享经济概念的典型应用。哈啰出行是比较早的一批进行共享单车实验的企业，立足于共享单车，之后逐渐进化为包括两轮出行、四轮出行、酒旅及到店服务等多元化的出行和生活服务平台。

根据公司的官网报告，截至2020年年底，哈啰出行旗下哈啰共享两轮业务共进驻全国超400个城市，用户累计骑行240亿千米，累计减少碳排放66.7万吨；哈啰顺风车已覆盖全国超300个城市，认证车主逾千万名。

2. 项目发展情况

哈啰出行自成立以后，取得了快速的发展。乘着共享概念、共享经济的东风，哈啰出行迅速开启了全国的布局，在北京、上海等特大型城市的投放量一直处于前列，并且取得了一系列的社会荣誉。这既是对共享经济的认可，也是对哈啰单车企业的认可。2021年，哈啰出行取得的荣誉包括小哈换电获“两轮电动车换电柜CQC标准认证企业”、哈啰概念单车“云歌”荣获“2021年IF设计奖”、哈啰出行荣获“2020年度最具影响力出行企业”奖项、哈啰出行荣获“最具投资价值国潮领军者”称号、哈啰出行荣获“金钥匙——面向SDG的中国行动”荣誉奖（美好生活类）、哈啰出行荣膺第十届中国公益节“2020抗疫杰出贡献企业”、哈啰出行获“新京报2020年度绿色出行企业奖”。众多奖项不一一列举，总之，哈啰出行在共享领域取得了巨大的成功。

3. 共享单车遇到的问题

共享单车在取得一系列重大成就的同时，也面临着一些问题，如车辆破坏的问题。一些共享单车被随意地丢弃，甚至恶意地破坏，一些地方甚至出现了自行车坟场，因为共享单车的所有权是公司，而不是用户，大多数人对共享单车的恶意盗窃和破坏行为只是睁一只眼闭一只眼。

4. 案例启示

除了共享单车，其他方面的共享概念也是遵循了同样的规律，例如无人管理的共享汽车就出现开走以后滥用的情况，甚至有的汽车已经爆胎，还要继续开，以致整个车胎被轧烂。

我们观察这种现象发现，STO 和共享经济结合是一个很好的方式，一方面解决了融资的问题，另一方面解决了管理的问题。比如，共享单车公司可以通过发行数字股份的方式众筹资金，然后用资金来购买单车，并将单车投放市场。众筹人可以使用众筹得到的数字股份进行支付使用，实现即是投资人又是受益人和消费者，同时，因为每一个人都是车辆的所有人，车辆故意破坏和每个人的利益相关，一旦发现恶意破坏的情况就可以进行自行管理和维护。这样整个共享单车公司的利益和自己的投资也是相关的，一旦公司有了盈利，可以用来反馈给投资人。比如投资人使用单车可以降低同比的价格，这样数字股份可以流通转让，如同股票交易一样有涨有跌，同时，既也不存在挪用用户保证金的问题，也不存在投资人退保证金的问题。

资料来源：笔者根据多方资料整理而成。

3. 共享经济区块链

既然理论上对于共享经济的问题，公地理论可以做出解释，那么如何避免成为公地悲剧，就可以在一定限度上对共享经济的模式进行误区避免。事实上，共享经济模式也有盈利典型：荣泰公司是第一个将共享经济做成主营业务，且获得真实盈利的上市公司，其关于摩摩哒共享按摩椅的核心策略，与共享单车有很大的不同。随着生活水平的提高，人民的健康越来越受到重视，在 2012 年以后，各种浴足按摩会所一夜之间开遍大街小巷，且大部分生意红火，因此，很多人想象是否可以有机器来代替人工按摩，并且在家中就可以实现，这样机器按摩椅就开始研发了。

荣泰公司可能是最早进行按摩椅开发的企业。随着共享概念的形成，共享按摩椅的概念也就提出来了，但是共享按摩椅不能成为无主物，在大街小巷部署，这样损坏率就会非常高。

经过市场调研后，荣泰公司想出了杜绝公地悲剧的解决策略，就是让每一台按摩椅成为有主物，跟大型商场、火车站和超市等单位形成合作，收益共享。每取得一定的收益，共享按摩椅投放商和维护管理方都可以按照一定的比例分成的。这样，管理方形成了利益共同体就会自觉地管理按摩椅使之不受破坏、不受盗窃等，并且主动为自己分红的按摩椅打广告、做介绍。

一旦盈利的模式形成，迅速复制是非常快速的，在良性发展的轨道上一路狂奔。2015 年冬，荣泰健康将共享按摩椅项目单独立项，成立了摩摩哒子公司；2016 年 3 月，铺设第一台共享按摩椅；2016 年年末，铺设完成 1 万台，取得营业收入 3300 万元，实现盈亏平衡；2017 年第 1 季度，铺设完成 15000 台，单季收入和 2016 年全年相当；2017 年 6 月底，铺设完成 27000 台，营业收入近 10000 万元。

一台普通商用按摩椅的成本是 3000 ～ 5000 元（高档的在 5000 ～ 10000 元）；一个合作方可运维 6 ～ 10 台机器（分成大约在 10%），据统计，每台机器的年毛利在数千元。荣泰健康一年的按摩椅销售为 18 万台，最多影响百万量级的人群。而 27000 台的共享按摩椅运营至今，已有 1200 万付费体验用户、3000 万体验过但未付费的潜在用户，所以，好的共享概念可以带来丰厚的利润回报。

4. 股权区块链转型的意义

通过 STO 进行股权拆分，并且进行股权激励是现代公司发展的原动力，因为拥有股权、员工具有归属感、有创业的激情、稳定的人员结构，对公司持续永恒的发展和经验的积累有重要的作用。

股权分置有很多成功的案例。从道理上看，经理与股东之间的真实关系是代理关系，股东委托经理管理自己的资产，但事实上，在真实的委托代理关系中，双方存在着信息不对称，此时，我们必须依靠管理者的“道德自律”，然而，股东和管理者的目标是不同的，股东希望自己行为的价值最大化，而管理者则希望自己的效用最大化。股东与管理者之间存在道德风险，需要通过激励约束机制来引导和约束管理者的行为。

从管理层的角度来看，在不同的激励方式中，管理者的薪酬是根据自身的资历和公司的情况预先确定的，这部分资金在一定时期内是相对稳定的，管理层的奖金一般由财务指标的考核决定，因此与公司的短期业绩密切相关，但与公司的长期价值没有明显的关系。管理者可以为了短期的财务指标而牺牲公司的长期利益，但是从股东的投资角度来看，更关心的是提高公司的长期价值，特别是对于成长型公司来说，管理者的价值更多地体现在公司长期价值的提高上，而不是短期财务指标的实现上。

这样，管理者就应该与股东利益的追求尽可能地一致，在这方面，股权激励是一个较好的解决方案。股权激励能够在一定程度上享受到股权增值带来的利益，承担一定的风险，使管理者在经营过程中更加关注公司的长期价值；股权激励能够防止管理者的短期行为，引导其长期行为。

华为的成功离不开股权管理，1990 年，华为首次提出内部融资和职工股所有权的概念。华为员工的工资是由工资、奖金和股票分红三部分组成，华为给员工一定的股权激励，甚至可以为员工购买股权提供银行担保贷款，华为这样的融资方式并没有降低公司的现金流风险，正是在这个阶段，华为完成了快速发展。华为还通过股权管理渡过了经济危机，在 2000 年互联网经济泡沫期间，IT 行业前所未有地遇到了融资困难，2001 年年底，由于互联网泡沫的影响，华为进入了成长中的第一个冬天。华为开始实施“限制性虚拟股票”期权改革，虚拟股票是公司授予激励对象的一种虚拟股票，激励对象可以享有一定的分红权和股价增值权，但不具有财产性，不能转让或出售，虚拟股票的发行维持了华为对公司管理层的控制，不会导致一系列管理问题，这使华为能够渡过难关，并且保持了管理层的稳定。

可以说，除了华为，其他上市公司在发展面临困境过程中都离不开股权管理工具。

调动员工的工作积极性是企业推行股权激励的主要出发点。2019 年 2 月 25 日晚，迪马股份推出股权激励计划，向 152 名激励对象授予 1.08 亿股股权，占其总股本的 4.49%。主要业绩解锁条件为：以 2016—2018 年的平均净利润为基础，2019 年的净利润增长率不低于 50%，2020 年净利润率不低于 100%。

我们再来看看万东医疗。此前，万东医疗公告称，公司以集中竞价交易方式回购公司股份。回购金额最高为 1 亿元，回购价格最高为 12.5 元 / 股，回购期限不超过 12 个月。本次回购的股份将作为公司后期股权激励计划的标的股份。

不少上市公司热衷于实施股权激励来激发员工的积极性，主要原因有三个。第一，在当前国内经济增速放缓的宏观背景下，不少上市公司的生产经营压力越来越大。为了扭转业绩下滑的趋势，公司需要实施股权激励计划来实现主营业务的业绩目标。第二，实施股权激励可以使公司股票估值溢价达到一定的程度。第三，股权激励还能更有效地激励和留住公司的高级管理人员和核心技术人才，增强重要员工的忠诚度，提高企业管理能力，降低企业的广义交易成本。

一次一次的股权激励，在股权改革的过程都是一个庞大的管理和记录的工程，使用区块链记录股权大大降低了股权管理的成本，甚至减少了人工的登记、记账、转让等烦琐的手续，而且流通更加方便，如回收股份、配发股份等都可以通过电子化的方式来实现。

更为重要的是，股权融资、股权分配和股权激励在 STO 的支持下，可以为中小公司和创业公司提供有效工具，中小创业公司更加渴望股权激励，可以在增加资本的同时，使团队保持稳定和团结，而中小公司往往缺乏专门的团队来处理股权的登记管理等问题，也没有精力去专门管理这些问题，使用区块链股份一个人就可以操作了，毫不夸张地说，这个工具可以使科技创业公司的寿命变长、成功率变高。

章末案例

华为：区块链服务 BSC

1. 企业概况

华为技术有限公司（以下简称华为）专注于ICT领域，是信息通信领域硬件、软件的综合提供商，是全球领先的通信技术企业。多年来，华为坚持创新，视技术创新为生命，在电信运营商、企业、终端和云计算等领域构筑了端到端的解决方案优势，为运营商客户、企业客户和消费者提供有竞争力的ICT解决方案、产品和服务，并致力于实现未来信息社会、构建更美好的全联接世界。

2013年，华为超过爱立信成了全球第一大电信设备商，位列世界500强第315位。华为的产品和解决方案已经应用于全球170多个国家，服务于全球运营商50强中的45家及全球1/3的人口。

2020年8月10日，《财富》公布的世界500强榜单中（企业名单），华为排在第49位。2020年，华为位列中国民营企业500强第一名。

2. 区块链布局

根据华为官网的介绍，华为始终认为，区块链是构建信任的基石，是实现信用传递、价值传递的可信网络。华为云区块链聚焦构建安全、可靠的区块链基础设施，让企业、政府快速、高效地搭建区块链网络及行业应用，实现资金流、物流、信息流的可信快速流动，高效可信协同，助力降低协作成本，提升效率。

3. 区块链的创新

根据华为《区块链白皮书》介绍，华为在区块链技术的创新体现在三个方面。

一是共识算法创新，共识效率是整个区块链对外提供服务的核心能力，实用拜占庭容错算法PBFT解决了原始拜占庭容错算法效率不高的问题，将算法复杂度由指数级降低到多项式级，使拜占庭容错算法在实际系统应用中变得可行，但是，PBFT仍然存在一些缺陷。PBFT算法为了克服Primary Node采用了复杂的全量点对点通信来监听各类异常行为，通信复杂度达到O（n^2）的同时额外增加了大量签名校验，由此带来繁重的系统开销，降低了共识效率、节点扩展性。此外，一旦发生主节点选举，在选期间PBFT将无法正常共识，若新当选的Primary节点作弊或者故障，可能会造成连续选主，在此期间，整个区块链系统对外服务能力将会大幅降低甚至无法提供对外服务。华为区块链采用一种高效、支持拜占庭容错、具有自主知识产权的共识算法，有效改进了PBFT算法的上述缺陷。通过改进共识流程，保障了节点故障和切主期间区块链系统对外服务的稳定性。同时通过减少不必要的签名验证、简化共识流程，将通信复杂度从O（n^2）减少到O（n），有效提升了共识效率和扩展性。

二是安全隐私保护。华为区块链安全隐私从以下方面提供更强保障。第一，华为区块链全面支持国产加密算法，国密算法是国家密码局制定标准的一系列算法，随着金融安全上升到国家安全高度，国密算法的应用也越来越广泛，2017年11月SM2/9正式进入ISO/IEC标准。华为区块链支持国密SM2/3/4，提供多种加密算法给用户选择，同时满足合规要求。第二，华为区块链实现同态加密用户交易隐私保护。区块链可以防篡改、去中心化，在非信任的网络运行，但是用户的账本对参与组织是透明的，任何组织都可以访问到相同的数据，如果将用户的隐私数据放到链上将会放大用户隐私泄露的风险。华为区块链交易解决方案中可以提供同态加密库，对用户的交易数据用其公钥进行加密保护，交易的时候都是密文运算，最终在账本中加密保存，即使节点被攻破，获取到账本记录也无法解密；同时提供范围证明校验，背书节点能够对密文进行背书，无需解密就能校验交易的正确性，从而识别出恶意交易风险，保证了智能合约的正确执行。华为开发出适用于Hyperledger Fabric平台的保密交易系统，通过改良的算法，比起使用传统的加法同态加密与基于环签名的范围零知识证明，性能大幅提升。第三，华为区块链将会提供零知识证明能力，对用户的隐私数据进行保护，减少用户的隐私泄露风险。第四，华为区块链可提供智能合约检测工具，防止恶意企图通过智能合约漏洞入侵用户数据的行为，同时将提供安全容器，持续监控容器的运行状态。第五，华为区块链将提供基于硬件的共识算法，使用形式化验证保证共识机制的安全，同时可以提高共识效率，增加网络的稳定性。第六，华为区块链将提供基于硬件的保护机制，对本地账本的机密性和完整性进行保护，防止账本被篡改。第七，华为区块链将提供基于硬件的解决方案，端到端的保证区块链节点间的通信安全。

三是提供离链通道。华为开发出适用于Hyperledger Fabric平台的离链通道交易系统，通过交易方高效安全的握手协议，实现用户间单通道2000+ TPS的交易性能。随着离链交易通道数的增加，可进一步提升系统在单位时间内交易处理能力。

4. 华为云区块链

目前，华为区块链已经落地“400+”场景，相比较而言，具有以下优势。一是超强隐私保护。利用可信执行环境TEE承担智能合约运行，安全级别高，结合远程证明，防止合约逻辑被恶意篡改，确保交易结果可信。数据保护根密钥在TEE内保存，防止数据被窃取并破解。隐私数据全程可信，满足金融级的可信。二是高吞吐量交易。利用TEE可信执行环境执行共识核心逻辑，通过可信Raft TEE共识实现了单链吞吐量突破100000

CTPS。三是超大规模节点。自研的可信共识采用分层管理，数据同步从核心向边缘扩散，减少冗余消息量，有效降低了全链参加共识的必要节点数量，解除共识对全量节点规模的约束，率先实现了“10000+”节点的可扩展能力。四是可信跨链易适配。结合可信硬件，利用可信执行环境打造跨链中继，状态数据可信，隐私保护程度高。跨链接口易适配，不修改原链逻辑，异构系统可以便捷使用。五是多支持易用性好。支持关系型数据模型，同时提供了智能合约相关的SQL易用性接口，可以像使用数据库一样使用区块链。六是极低的资源开销。使用轻节点，运用隔离手段使得轻节点只同步和自己有关的数据，从而有效降低了存储开销。

5. 案例启示

华为是中国乃至世界上信息通信业的龙头企业，区块链行业自然也不能缺少华为的参与，从区块链布局来看，华为不仅进入时间早、投入资源高，而且华为的区块链战略目标高远，技术清晰。因此，无论在技术方面还是在应用方面，区块链从业企业都应该了解并跟踪华为公司的区块链发展方向。

资料来源：笔者根据多方资料整理而成。

本章小结

本章探讨了股权交易数字化转型发展路上已经发生或者持续发生的问题。资产的数字化一直是区块链产业追求的目标和应用场景，资产的数字化的自由流动，将为企业发展带来极大的发展动力和广阔的前景。其实，利用众筹资金的手段来发展技术，并通过技术的应用来回馈投资人，这是金融的本质，即投资、风险、收益。

通过研讨我们发现，资产的数字化、数字的金融化是一把“双刃剑”，在合理监管的情况下，可以解决企业各方面的问题，包括融资问题、激励问题、团队的管理问题和公司治理问题。区块链股权是一个很好的数字化转型工具，在区块链技术上的发展，应该持有更为开放的心态，同时，我们也希望拥有更好的管理指引。

第五章 / 供应链数字化转型

区块链技术应用于传统行业，供应链的数字信用流通同样可以用区块链来赋值。在供应链过程中，中心企业的信用如何进行层层传导、如何使整个供应链流通起来、如何解决行业三角债、如何进行流动的货物融资、如何解决伪造的“萝卜章”骗贷等一直是困扰我们的问题。自从有了区块链，我们看到了解决之道。而金融问题的突破，带来了周围配套的行业变革，如我们有了区块链发票、区块链法院、区块链投票机制，等等。

只有和身份产生关联的区块链，才能够真正和今天的社会进行融合。身份从定义上来讲是两个词——身和份。“身”解决的是对应关系，客体的数字化。“份”代表了这个人或者组织、物品背后的所有属性，以及行为的集合。分布式身份不只是人，甚至包括组织及物品。这些人或者组织、物品不简单依靠于原先的中心化权威机构，无法被拿走或者删除，而且是终身携带的身份。

——中钞区块链技术研究院院长　张一锋

开章案例

微众银行：区块链投票

1. 企业概况

微众银行于2014年正式开业，是中国第一家民营互联网银行。微众银行着力为小微企业和广大群众提供更多优质便捷的金融服务，运用金融技术探索实践普惠金融、服务实体经济的新模式、新方法，坚持依法合规经营，严格风险控制。

微众银行先后推出了小额贷款、微产业贷款、微汽车贷款、微众银行App、微众企业EPP App、小鹅花钱、we2000等产品。目前，微众银行已累计为全国3亿个人用户、170多万企业客户提供服务。

微众银行开展了区块链、人工智能、大数据、云计算等关键核心技术的底层算法研究与应用技术研究，成为2017年国内首家获得国家高新技术企业资格的商业银行。

目前，微众银行已跻身中国银行业百强，国际评级机构穆迪和标准普尔分别将微众银行评级为“A3”和“BBB+”。国际知名的独立研究公司Forrester将微众银行定义为“全球领先的数字银行”。

2. 区块链产品

2017年以来，微众银行主动面向全球开源区块链技术，围绕FISCO BCOS构建国内规模最大、最活跃的开源联盟链生态系统，推动区块链技术和应用生态蓬勃发展。FISCO BCOS聚集了数万社区成员，已成功帮助合作伙伴在生产环境中实施了数十个应用案例。

3. 在线贷款投票系统的应用

网上借贷机构投票系统在设计中成功应用了FISCO BCOS的技术成果，并集成了其他多项前沿技术，构建了一个纯在线、智能化、智慧化的多功能投票决策系统，政府与金融机构的共同参与，具备仲裁效力。

首先，投票系统采用智能语音交互机器人和在线人脸识别技术构建投票人身份链，记录投票人身份。一方面，通过机器人与贷款人的语音交互，确认债权信息，保留语音记录；另一方面，利用人脸识别和数字证书认证来确认出借人的身份，并将投票人的身份记录在区块链上，既可以防止他人在投票过程中造假，又可以避免将投票人的所有敏感信息链接起来，从而保护用户的隐私，保证投票结果的可信度。

其次，投票系统充分利用区块链技术防篡改和去中心化的技术优势，构建司法存证和仲裁链。通过在链上记录所有投票记录和结果的数据汇总，在保护用户隐私的前提下，能够准确记录每个投票结果，且不被篡改；同时，每个证据都有一个权威的仲裁机构参与司法证据保全，从法律角度保证了投票结果证据的保存，最终保证了整个过程中投票数据的司法效力、真实性和公信力。

最后，投票系统还建立了独立的投票验证服务，任何人都可以通过该服务验证投票系统的数据是否与区块链上存储的数据一致，从每个人的角度监督整个投票过程，增强投票结果的可信度。

目前，深圳已有20家网贷机构使用投票制。多数使用投票制的网贷机构积极推动对首批重大事项的投票，确认退出流程，按照退出指引的要求选举产生监委会成员，并授权清算组和监委会。此外，部分平台已通过投票系统完成第二轮投票，各平台良性退出工作正在有序推进。

4. 案例启示

微众银行的区块链产品已经成为一个连接世界的平台。在这个平台上，区块链投票机制自动地运行，为广大公众带来了生活上的便利。同时，区块链开始打通了生态，从金融应用到区块链投标，到区块链行权，一直到司法存证、司法裁判，众多的生态加入链上来，区块链的世界越来越清晰，发展越来越加速。

资料来源：笔者根据多方资料整理而成。

传统的供应链存在一定的信息传导问题，为了解决这个问题，供应链数字化转型成为必然选择。在数字化的过程中，使用区块链技术将相关企业连接起来，所有信息透明化上链，实现债权的自由拆分、流转、验证，加速了信息的传导，提高了供应链企业的效率。

第一节　传统供应链金融的问题

一、供应链金融

所谓链，就是一条相互联系、相互补充的线。通过对信息流、物流和资金流的控制，供应链可以从采购原材料开始，制造中间产品和最终产品，最后通过销售网络将产品发送给消费者。供应商、制造商、分销商、零售商和用户被连接成一个完整的功能网络链结构，如图 5-1 所示。它不仅是一条连接供应商与用户的物流链、信息链、资金链，更是一条增值链。供应链中的物料在加工、包装、运输等过程中增值，给相关企业带来更多的利益。

在全球经济一体化的今天，不同的国家是流水线的一个个节点，每个节点都在一定的分工下做好自己的工序。例如，我们需要生产一件衣服，有的企业来做扣子，有的企业来做绣花，有的企业来提供衣服上的皮毛，有的企业来提供棉线。

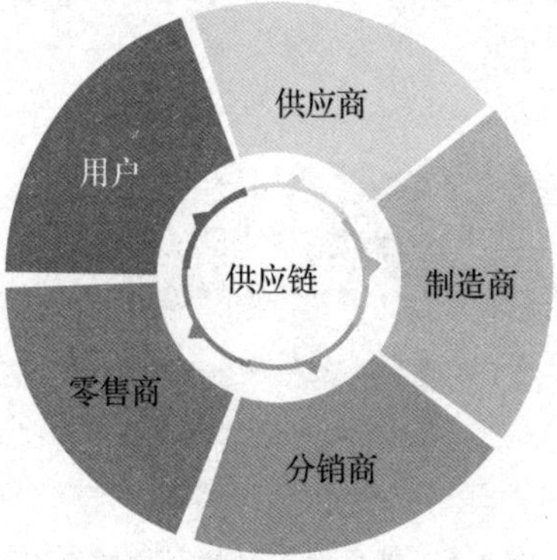

图 5-1　供应链连接广大企业

在这个特定的供应链中，从产品的原材料开始，到最终的成品，就会有不同的商家，如有的商家制作皮毛，那就需要有皮毛销售、制作、裁剪、涂色等商家，在整个巨大的链条中，会有一个信用比较强、资金实力比较好的商家，如这个商家是衣服品牌的持有者，原材料供应商都围绕它来赚钱，所以它对所有的原料供应商都提出了一系列的条件，如付款期限。

在中心企业拖延付款期限的情况下，链条上的其他企业的资金就比较紧张，因为它的信用实力比较小，所以不能像中心企业一样进行赊账。如皮毛生产商，它需要使用现金来收购皮毛，但是却难以获得银行的贷款。

那么供应链金融就可以来解决整个供应链的信用问题，如皮毛件供应商拿到了中心企业的订单，然后使用这个订单来获得银行的贷款，再使用贷款来采购皮毛来制作皮毛件，最后供应给中心企业，这样就激活了整个产业链。

同理，皮毛件的信用还需要向更下游传导，例如牛羊养殖户可以从皮毛件的厂家那里获得订单信用，然后从银行贷款，使用现金来购买饲料。

推而广之，如果能够打通供应链的金融，实现信用的传导并且可以向下游延伸，那么信用延伸越深，行业的流动效率就会越快，产业链的活力就越大。

可以说，供应链金融实现了物流、商流、资金流、信息流的有机统一，如图 5-2 所示。

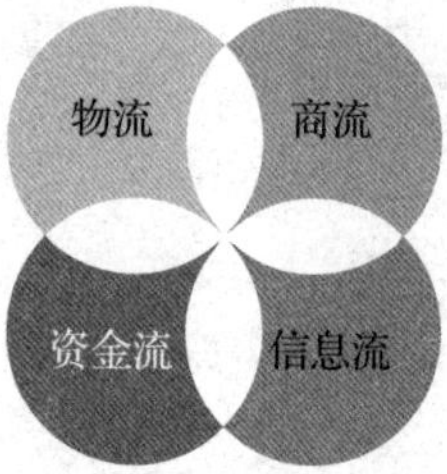

图 5-2 供应链金融整合多流合一

二、数据造假骗贷

虽然供应链金融是银行和企业竞相追逐的产品，对企业和社会都有巨大的促进作用，但是数据的造假仍是掣肘其发展的重要原因。很多企业由于数据造假而给自己造成了巨大的损失，虚构核心企业的假债权并骗取贷款的事件层出不穷。下面我们来分析一下承兴国际案件。

1996 年，承兴国际在中国香港成立了亚洲总部，1998 年成为百事中国和宝洁公司的供应商，2000 年成为诺基亚中国的合作伙伴，2007 年成为国内银行业重要的品牌运营和综合服务提供商，并于 2010 年 12 月 31 日与中信银行联合发行信用卡，随后几年成为中石油等多家大型企业及知名保险公司、银行等大型金融机构的合作伙伴。2017 年 5 月，该公司还收购了由《惊奇漫画之父》和《蜘蛛侠》的创作者兼制片人斯坦・李创办的 POW 娱乐公司。

承兴国际在中国香港和新加坡分别控制了两家主板上市公司，并在 2017 收购了博信股份（A 股上市公司）。承兴国际的业务分为四大板块：泛娱乐、大健康、教育和智能硬件。泛娱乐产业分为动漫、影视、主题娱乐和频道、知识产权引进与企业孵化、娱乐内容制作与渠道分销，涵盖了娱乐品牌产业全产业链的各个环节。

作为核心企业，承兴国际受到了各类投资者的追捧。2014年年末，承兴国际向北京一家资产管理公司融资时，提供的质押标的资产为中国移动终端福建分公司应收账款7147万元。湘财证券在一份名为“金汇一号”的产品说明中称，该笔资金用于转让广州承兴销售商品所产生的应收账款债权，债务人为符合条件的大型中央企业或上市公司。

我们知道，快速发展有赖于资金的推动，投资中央企业的债权收益稳定。不过，2019年7月8日美股开盘前，美国上市公司诺亚财富宣布，Gopher资产管理公司旗下一只总金额为34亿美元的私募股权基金出现了问题，与该基金有关联的融资方承兴国际控股因涉嫌金融诈骗罪被公安机关刑事拘留。

2019年7月8日晚，一封内部信函对该私募基金的投资对象进行了详细描述：主要是承兴国际与北京京东世纪贸易有限公司（以下简称京东）之间的应收账款债权，这为承兴国际相关方供应链融资提供了担保。至此，私募基金卖方诺亚财富、基金管理人格非资产、融资方承兴国际、底层债权人京东成为34亿债权爆雷案的主角。

2019年7月9日上午，京东率先澄清：“此事与京东无关。承兴国际伪造与京东的商业合同，诈骗他人。我们对这种行为感到非常震惊，已经配合受害公司报案。”京东对承兴事件的描述如下：① 承兴国际是京东的普通供应商，在京东有一定的业务。在京东不知情的情况下，承兴国际涉嫌伪造与京东等公司的合同进行诈骗。对此，京东已向当地公安机关报案。② 上海格非资产管理有限公司在整个被骗过程中未以任何方式验证与京东签订的合同的真实性，暴露出其在合规和风险控制方面的重大缺陷。京东积极配合警方调查格非诈骗案。③ 希望格非正视管理问题，努力提高专业水平，而不是混淆视听，推卸责任。

2019年7月5日中午，博信股份公告称，博信于2019年7月5日收到上海市公安局杨浦分局拘留证，公司实际控制人、董事长罗静女士，董事兼首席财务官姜绍阳先生，分别于2019年6月20日和2019年6月

25 日被上海市公安局杨浦分局刑事拘留，有关事项有待公安机关进一步调查。

如果一个案例不能解释问题，那么，我们来看看医疗领域的另一个案例：闵行医药供应链财务欺诈。

除核心企业外，一些事业单位的债权也被认为是有保障的，如大医院债权。而下面的事件说明了医院债权也容易造假。中原证券 2017 年 12 月 8 日制订的“联盟 17 号集体资产管理计划”募集资金 5984 万元，2019 年 4 月 24 日到期。“中经一号集合资产管理计划”成立于 2018 年 2 月 5 日，募集资金 1.82 亿元，于 2019 年 5 月 7 日到期。上述两款资产管理产品共募集资金 2.42 亿元。中原证券募集的资金通过华信信托设立的“华信信托·鑫源 39 号集合资金信托计划”作为渠道，最终投资于闽兴医药的应收账款。而这个应收账款的付款人是福建医科大学附属协和医院，闽兴医药作为融资方承担补足差额的义务，闽兴制药实际控制人夏薛雯提供连带责任担保。

根据动产登记信息来看，闽兴医药作为担保方的应收账款转让交易合超过 8 笔（其中 1 笔已注销），平均每笔应收账款转让规模为 2 亿～ 4 亿元，上述应收账款合计已高达 22.68 亿元，若包括已注销部分的登记，则高达 26.76 亿元。2017 年“院方回款给十家金融机构的银行单据和明细”，里面涉及的机构还包括包商银行、海尔、长盛创富、中成租赁、国核保理、中证信用、中粮信托等。虽然尚不明确上述机构是否在回款后均已彻底退出，但可以明确的是，加上中原证券，与闽兴医药有过交集的金融机构多达 15 家，也就是说，闽兴医药作为融资方的应收账款远不止公开的 22.68 亿元。

简单地说，闽兴医药使用某些银行的应收账款进行了多次多机构的融资。

“承兴国际事件”和闽兴医药造假事件持续发酵，已有十几家金融机构卷入，或涉及资金百亿元；此前风生水起的供应链金融，一时间，真实性及风控问题被拷问，也引发了监管和行业思考——这一金融创新方式应该如何规避风险？

之后，监管部门发布管理意见，根据《中国银保监会办公厅关于推动供应链金融服务实体经济的指导意见》，要求坚持交易背景真实，加强监管供应链金融。针对最为关注的供应链金融的真实性问题，监管提出了具体要求：银行保险机构应依靠供应链核心企业，基于核心企业与上下游链条企业之间的真实交易数据，整合物流、信息流、资金流等各类信息，为供应链上下游链条企业提供融资、结算、现金管理等一揽子综合金融服务。鼓励银行保险机构成立供应链金融业务管理部门（中心），加强供应链金融业务的集中统一管理，统筹推进供应链金融业务创新发展，加快培育专业人才队伍。

三、传导和穿透之难

目前，供应链金融在我国还处于初级发展阶段。在引入区块链技术之前，银行只能在一级确认权利。比如，它们只能为核心企业的“直接”上游供应商提供信贷服务，帮助上游企业获得应收账款融资，但对非直接的上游供应商却无能为力。

区块链技术能够渗透上下游多层次的供应商和经销商，在供应链金融的确权、溯源、信息更新等方面有很大的优势。基于区块链的防篡改和可追溯性特点，只要将整个供应链各个环节的信息放在链上，就可以方便地验证二级、三级供应商与核心企业之间的真实贸易关系，确认上游供应商的权利，使整个供应链的信息透明化、可视化。

也就是说，区块链将供应商整合到一个平台中，企业可以根据商品的生产和交货信息向供应商发放支付凭证，支付凭证可以从各级供应商中拆分。在我国，中小企业融资问题最为突出。因此，终端供应商越有这种需求，就越能获得支付凭证，并用平台中的资金进行融资，这些资金可以转移或持有至到期。

一般来说，供应链金融涉及金融和物流。事实上，在区块链进入之后，供应链金融迎来了百废俱兴、拔地而起的迹象。2021 年以来，上市公司关于供应链金融业务的公告屡见不鲜，其中以开展供应链金融资产证券化（ABS）业务最为突出。

这些上市公司和核心企业搭建区块链平台，给下游企业带来了巨大的利好空间，可以说，它们有了更好的融资渠道。往往这些企业更需要融资，而资金都在流动中，使用固定资产抵押的可能性比较小，中小微企业由于抗风险能力不强、缺乏抵押物，融资难和融资贵的难题一直长期存在。而供应链金融的出现，将有助于解决中小企业融资难的困境。

金融机构要为实体经济发展服务，供应链金融更是其中不可或缺的一部分。国家统计局的数据显示，截至 2020 年 6 月，仅规模以上工业企业应收账款就有 13.7 万亿元，同比增长 11.7%。而作为供应链金融重要的融资模式，应收账款融资规模的不断增长也使供应链金融业务的发展空间巨大。

随着产业整合升级的加快，上市公司等众多企业纷纷瞄准了这一领域。近年来，多家上市公司均披露了涉及供应链金融的公告，其中开展公司供应链金融 ABS 业务的公告占了较大比例。例如，国星光电公告披露，公司董事会已审议通过了开展供应链金融业务的议案，所开展的供应链金融业务将仅限于公司供应商，根据公司的发展及经营预算，本次拟开展针对公司供应商的供应链金融服务年度总额度累计不超过 6 亿元。公司表示，在该供应链金融业务中，公司处在核心企业地位。本次拟开展的供应链金融业务将在确保不缩短现有供应商的付款账期、不影响公司正常经营的情况下进行，办理应付账款保理业务将有利于提高资金使用效率，增强供应链保障能力，不会对公司正常经营的资金情况产生影响。

另外，除了核心公司外，还有很多企业关注如何使供应链金融更加有效率。更多的上市公司则是通过开展供应链金融 ABS 业务进入这一领域。

例如，牧原股份公司与招商证券开展的供应链应付账款资产证券化业务，公司及下属公司（企业）作为基础资产的债务人参与发起了牧原股份供应链应付账款资产支持专项计划，此次资产支持计划储架发行不超过 50 亿元。开展此项业务将拓宽融资渠道，成为公司现有融资方式的有益补充。同时，还可以将不具有流动性的应付账款盘活，有效降低融资成本、减少公司受银行信贷政策的影响。此外，云南城投也在公告中表示，同时与招商证券、开源证券合作开展供应链金融 ABS 业务，两项业务储架发行金额均合计不超过 50 亿元。

上市公司加入区块链供应链金融应用的队列，将极大地促进金融业的发展，尤其是使供应链金融整个链条活起来，信息传导和信用传导通畅起来，可以使一个企业激活一条链的企业，整体上提升一条链的竞争力。而未来的竞争，是“一损俱损，一荣俱荣”的链条之间的竞争。

四、广阔的市场

在我国中小企业融资难的大背景下，供应链金融作为产业链各关联企业升级发展的重要动力，成为了资金“新风口”。2020 年，我国供应链金融的市场规模已接近 15 万亿元，存量市场空间惊艳。

在巨大的市场面前，却有着不可解决的矛盾，即如何证明债权的真实性。仅 2018 年，就有包括 *ST 华业、*ST 九有、宁波东力等多家上市公司通过公告披露了其在供应链金融业务开展中遇到的合同诈骗、失去有效控制等问题。

宁波东力 2018 年的 7 月 1 日的公告称被合同诈骗，公司全资子公司年富供应链法人李文国已被公安机关采取强制措施。随后，宁波东力在给深圳证券交易所的回函中表示，年富供应链法定代表人李文国涉嫌在与公司签订并履行购买资产协议和业绩补偿协议的过程中，隐瞒年富供应链实际经营情况，财务不真实，以达到骗取公司股份及现金对价的目的。根据宁波东力对深圳证券交易所2018年年报问询的回函，公司为年富供应链5家银行的借款等融资提供了连带责任担保，截至2018年12月31日，担保的融资本息合计为13.96亿元，报告期内，公司对为年富供应链提供担保事项计提了3.31亿元的预计负债。

除了宁波东力，九有股份（现为*ST九有）也踩“坑”供应链金融。九有股份在2017年斥资1.58亿元现金并购深圳市润泰供应链管理有限公司。2020年1月11日，九有股份公告表示，其失去对润泰供应链这个2017年营业收入占公司营业收入比例高达八成的重要控股子公司的有效控制，无法获得财务数据，润泰供应链生产经营业务停顿不能正常开展业务，公司及润泰供应链包括基本户在内的部分银行账户被冻结，因此不得不申请实施“其他风险警示”，自1月15日起更名为*ST九有。

华业资本（现为*ST华业）踩雷事件更引人深思。2018年9月，*ST华业受困于应收账款债权造假问题，直接导致公司存量应收账款101.89亿元面临部分或全部无法收回风险。9月26日，其子公司西藏华烁投资有限公司投资的应收账款债权出现逾期，应收账款业务累计出现逾期未回款的金额为8.88亿元。28日，华业资本公告表示，公司委派律师对债务人进行走访，债务人表示相关债权协议上公章系伪造。当年10月8日，华业资本公告认为公司关联方重庆恒韵医药有限公司涉嫌伪造印章，虚构与医院的应收账款债权交易，可能导致公司遭受重大资产损失。涉及金额上百亿元的“萝卜章”事件，让华业资本“一蹶不振”。2018年年报显示，华业资本全年实现营业收入48.87亿元，归属于上市公司股东的净利润亏损64.38亿元，2017年同期实现净利润为9.98亿元，同比下降了744.99%。大华会计师事务所对其财报审计后出具了无法表示意见的审计报告，因此公司股票在2018年年度报告披露后被实施退市风险警示，起始日期为2019年4月30日。

可以说，供应链金融市场广大，但也问题重重。毫不夸张地说，如果能够解决供应链金融的问题，将能够激活整个金融市场；改变金融市场的风险控制机制，使金融市场良性发展。现有金融都是依靠不动产抵押来保证债权的实现，然而在工业企业中，可以抵押的不动产很少，应收债权是重要的资产，解决应收债权的融资变现问题，可以直接带动工业企业的发展。

第二节 供应链的区块链数字转型

一、链上存储

区块链的最佳实践场景之一就是资产证券化，这一技术可改变金融系统底层设计。股市大跌、币圈触底、P2P暴雷……在市场爆冷的大背景下，投资者开始越来越谨慎地对待手中的资产，金融服务商也不得不进一步优化自身的服务以向投资者提供安全性、可信性更高的产品。

“资产证券化（ABS）+区块链”看上去就是一个很不错的创新。据了解，ABS可以让流动性不足但是具有未来现金流收入的资产打包成流动性强的证券，通过证券发行的方式出售给资本市场上的投资人。资产证券化的主要优点之一，就是能将社会的存量资产盘活。

很多专家学者也认为区块链的最佳实践场景之一就是资产证券化，这个资产当然也包括债权的资产。区块链这一技术可改变金融系统的底层设计，实现所有市场参与人对资产所有权和交易信息的无差别记录，保证了底层资产数据的真实性。

在进行资产证券化的同时也可以链上处理ABS交易信息，任何一次变动都可以同步更新到所有节点，减化了此前烦琐的手续和节省了资源的消耗。

专栏 5-1

京东金融：区块链 ABS 标准化

1. ABS 概况

ABS 作为一种金融创新，于 20 世纪 60 年代起源于美国，发展至今，ABS 包括其衍生的 MBS 等相关品种已占超过美国债券市场 1/3 的份额，成为第一大券种。

从微观角度而言，ABS 可以有效地提高企业资产的流动性，减少企业的风险资产，并降低融资成本。从宏观角度而言，ABS 可以盘活社会存量资产，释放产业内的风险，对于宏观经济的平稳运行具有积极意义。

据《2018 年资产证券化行业半年报》数据，截至 2018 年 6 月末，我国 ABS 累计发行 4.14 万亿元，较 2017 年年末增长了 20.52%，市场进入高速发展期。

因为资产管理新规引导市场资金投资交易所、标准化产品，ABS 符合该特性，除此之外，ABS 具有资产地域分散、种类集中度低、投资资本风险计提少、收益相对较高等属性，弥补了高收益标准化资产稀缺的问题，具有较高的投资吸引力。

但是，我国的 ABS 整体规模与发达国家还存在着很大的差距。据统计，截至 2018 年 7 月，国内 ABS 存量规模仅占债券市场的 2.6%，而同期美国 ABS 存量规模占债券市场的 30%。信息不透明、不对称，发行管理困难，销售渠道单一，资产运行效率低是行业发展的核心痛点。特别是基础资产信息不透明、不公开，导致 ABS 市场出现了重主体风险、轻资产风险的不正常现象，制约了我国 ABS 市场规模的进一步发展。

2. 区块链与 ABS

区块链技术与 ABS 的结合能有效提高 ABS 产品运营的透明化、规范化和标准化程度，在降低产品融资成本、提升项目运行效率、强化全周期风险管理等方面的优势凸显。区块链技术能穿透底层资产，实现资产信息的公开、真实，彻底重塑传统ABS的信任机制。另外，链上的产品设计全流程透明化，数据传输实时共享，可大幅优化ABS的交易流程。

2017年，百度的度小满金融区块链技术就落地了国内第一例基于区块链技术发行的标准化资产证券化产品——“百度—长安新生—天风第一期资产支持专项计划”。与传统的ABS项目不同，天风一期ABS不仅具有直观的信息查询界面，更重要的是项目中的每一笔交易、每一条信息，都借助度小满金融开发的ABS业务管理平台和区块链技术服务平台，在金融信息技术应用产品落地上做出了许多创新性尝试，首次利用区块链网络实现了ABS项目多方数据分布式存证与更新。

2018年，交通银行第一期个人住房抵押贷款资产支持证券（RMBS）基础资产信息由交通银行完成上链，中介机构通过区块链流程开展RMBS尽职调查工作。

3. 京东区块链

京东集团子公司京东金融于2018年6月13日宣布，该公司计划在区块链上发行资产支持证券（ABS）。8月，京东金融“ABS二级市场流动性解决方案”正式上线，该方案旨在提升ABS投资人与报价机构间的沟通效率，提高ABS二级市场流动性。

作为科技新锐的京东金融，与建元资本宣布合作发行基于区块链技术的汽车融资租赁ABS项目，项目规模为4亿元。作为国内首单能够实现放款、还款现金流实时登记于区块链的ABS项目，其在后续资产风险甄别、资产存续期监督管理等环节有据可依，同时印证了资产的真实性，提高了投资机构对资产的把控能力。同时，京东金融还与银联合作打通底层区块链技术，构建联盟链。基于这一成果，京东金融将与银联一同挖掘区块链技术在供应链金融、保付代理、电子票据等领域的应用，为破解行业互信难题提供了有效的解决方案。

“标准化”意味着这份方案具备易操作性、稳定性、通用性，“解决方案”则代表着这是面向行业普遍面临的问题而提出的。京东ABS业务全流程上的所有潜在参与方无须任何技术投入，只需进行简单注册，在相应页面操作勾选联盟方即可完成动态组网，通过该联盟完成资产发行。这种方式能使各参与方快速、低成本地参与到区块链联盟中，享受区块链技术带来的易用、通用的服务。过去行业内机构加入ABS联盟链需要花大量时间进行组网、开发、测试、联调、部署，并且对行业机构的技术人员及硬件资源的要求较高，造成了巨大的时间成本和人员成本。现在，参与机构根据自己在ABS中的角色可快速加入使用，大大降低了区块链使用的门槛要求。通过流程的通用化、标准化设计，联盟机构可以以此服务于更多项目，无须更多技术投入。

除此之外，区块链在ABS业务中另一重要的作用是解决信息不对称、无法穿透底层资产的痛点。例如，区块链的智能合约降低了人工参与成本与出错率；分布式记账技术帮助穿透ABS底层资产，实现对资产池的透明化管理，有效监控资产风险，同时这种透明化管理也有利于资产方提高资产发行效率，降低发行成本。

4. 案例启示

京东区块链将ABS的发展推向了金融数字化时代，通过京东的区块链ABS数字化过程解决了债权的拆分和流通的透明性。在区块链上，信息是可信可查的，底层资产无法造假，并且可以快速穿透。ABS的发展是金融业发展的必然选择，而区块链化是ABS的必然选择。

资料来源：笔者根据多方资料整理而成。

目前，中信证券、众华会计师事务所、奋迅律师事务所、中诚信评级等已成为首批使用该方案的机构。现在正在进行的中信白条9号ABS项目，已搭建了资产服务机构、计划管理人、律师事务所、会计师事务所、评估机构、银行6个节点，如图5-3所示。

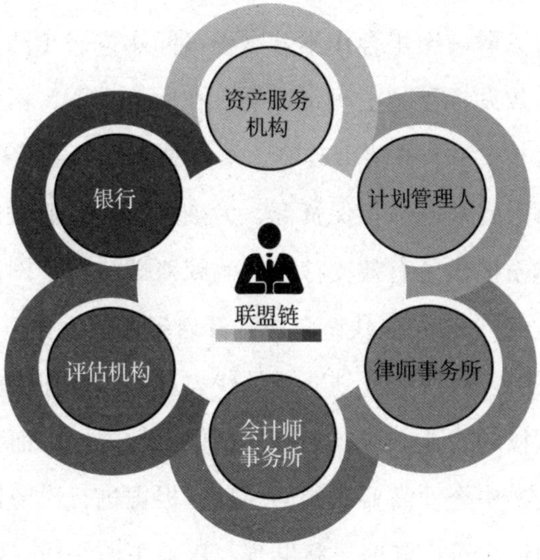

图5-3　联盟链

基于智臻链JD BaaS平台，企业可以快速上链，每一项目中的参与企业都可以成为链上节点，并且能实现交易秒级确认速度，TPS（每秒事务吞吐量）在10000以上。仅需30秒，ABS业务参与机构便可通过标准化模块加入ABS区块链，节省了自我开发、部署区块链节点的成本。同时，该方案可以为ABS业务中介机构节约数百小时信息传递和审核的时间，将人力成本降低了30%。

资产的上链和可拆分，为供应链金融的区块链化提供了技术保障和实践经验；众多科技公司的加入，为底层区块链技术的发展提供了有力的支撑，供应链金融在信息上链的基础上可能出现井喷式的发展。

二、链上证明

长期以来，融资难、融资贵一直是制约小微企业、“三农”等实体经济发展的突出问题，而建立健全政府性融资担保体系，正是解决这一问题的有效手段。

近年来，受宏观经济形势的影响，河南省政府性融资担保机构普遍存在的抗风险能力偏弱、银担合作不够顺畅等问题进一步凸显，担保机构融资增信职能的有效发挥受到了一定影响。在此背景下，河南中原再担保集团分别与 8 家银行、3 个省辖市政府、郑州高新区管委会等签署了战略合作协议，整合河南省政府性担保资源，为破解担保行业发展难题，重构政府性融资担保体系提供了有效支撑。与蚂蚁双链科技、网商银行签订开展“双链通”产品合作，以“区块链”技术开启担保数字化。

中原再担保引入区块链计划，就是代表省级国资在供应链金融中的应用，对于拥有债权的企业来说，融资的担保更加方便，而担保公司也大大降低了供应链金融中企业需要负担的利息。根据进行供应链金融的企业来看，一些企业的债权可以随时进行贴现；以前下游企业，甚至下下游企业需要承担的年息为 6% ～ 9%，而使用核心企业的区块链债权进行融资，则承担的年息仅为 4% 左右，如图 5-4 所示。由此可见，引入区块链科技的供应链金融，效率提高了，债权的流动性更好了。

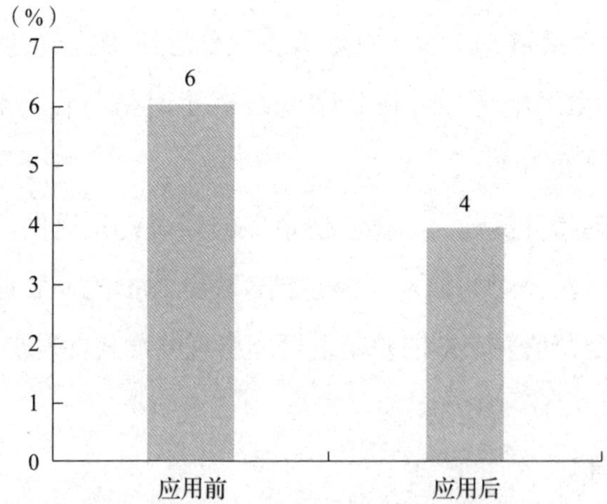

图 5-4　应用区块链债权平台前后利率的变化

专栏 5-2

浙商银行：双链融合，盘活应收账款

1. 企业概况

浙商银行股份有限公司（以下简称浙商银行）是全国 12 家股份制商业银行之一，2004 年 8 月 18 日正式开业，总部设在浙江省杭州市。2016 年 3 月 30 日，浙商银行在香港证券交易所上市；2019 年 11 月 26 日，在上海证券交易所上市，是中国第 13 家"A+H"上市银行。

2020 年 6 月底，浙商银行在 19 个省（直辖市）和香港特别行政区设立了 260 个分支机构，实现了对长江三角洲、环渤海、珠三角和中西部地区的有效覆盖。2017 年 4 月 21 日，首家控股子公司浙江浙银融资租赁有限公司正式开业，迈出了全面经营的第一步。2018 年 4 月 10 日，中国香港分公司正式对外开放，迈出了国际布局的第一步。

2020 年上半年，浙商银行实现营业收入 251.44 亿元，较 2019 年同期增长了 25.98 亿元，增长率为 11.52%；归属于本行股东的净利润 67.75 亿元。在《银行家》杂志评选的"2020 年世界银行 1000 强"名单中，该行一级资本和总资产排名第 97 位。中诚信国际给予浙商银行金融机构最高的 AAA 信用评级。

2. 区块链技术的应用

大数据、区块链、云计算、人工智能等新技术的进步，使金融技术成为金融业发展的新动力，不仅使整个金融业更加高效，也带动了信息转型。浙商银行在金融技术应用方面处于领先地位，它已将区块链技术广泛应用于公司、零售和金融市场等各种金融服务，被分析师称为"区块链概念"的第一银行股。

早在 2015 年，浙商银行就开始研究区块链的应用。2017 年，浙商银行率先推出基于区块链技术的应收账款链平台，来解决企业应收账款的痛点和难题，成为业内首家将区块链应用于核心业务的银行。浙商银行的“区块链密钥管理系统和方法”获得了国家知识产权局的发明专利，成为数不多的在区块链技术领域拥有专利的商业银行之一。

此外，自2019年1月《区块链信息服务管理规定》正式实施以来，浙商银行的五大区块链服务平台，即应收账款链平台、仓单链平台、个人金融转账平台和同益平台已获得国家网络信息办公室发布的第一批国内区块链信息服务备案号。

3. 区块链应收款项目

浙商银行应用区块链技术开发应收款链平台，将企业应收账款转化为电子支付结算和融资工具。

“区块链应收款”有以下几个亮点。

（1）信用风险下的资产保障机制。引入增信方（企业、本行、其他金融机构），若承兑人到期未能足额付款，由增信方差额补足，基于区块链技术特征及系统自动触发，风险很小。

（2）收益可期待。区块链应收款的收益由投资者和出让方协商确定，在浙商银行资产交易平台上采用询价、竞价、挂牌等交易模式，既取决于区块链应收款持有人为获得资金而愿意付出的融资成本，又随行就市，一般高于银行理财产品的同期预期收益率。

（3）流通无障碍。

支付转让：投资者可以任意拆分区块链应收款金额，在应收款链平台上支付给上下游供应链企业。

入池质押融资：区块链应收款可以入资产池质押给浙商银行，获取流动性支持。

交易转让：投资者可在浙商银行便捷、高效的资产交易平台上转让给其他的合格投资者。

继2017年8月发布业界首例根据区块链应用的公司应收账款链服务平台后，不断推进区块链在不同情景下的运用，依据可批准、出让、质押贷款、股权融资、买卖另一半的不一样，产品研发“订单信息通”“仓单通”“分期通”等“区块链技术＋供应链金融”商品。浙商银行应收账款链服务平台的应用获得重大进展，大大提高了供应链金融服务项目的工作能力。

4. 案例启示

浙商银行应用区块链进行业务设计，开启了银行应用区块链的时代，越来越多的金融机构采用区块链解决日常的问题；同时，区块链科技确实为银行解决了很多问题，如文件流转效率、资料真实性审核等。

资料来源：笔者根据多方资料整理而成。

三、债权拆分

除了银行外，很多上市公司和核心企业也开始布局自己的“供应链＋区块链”平台，如图5-5所示。

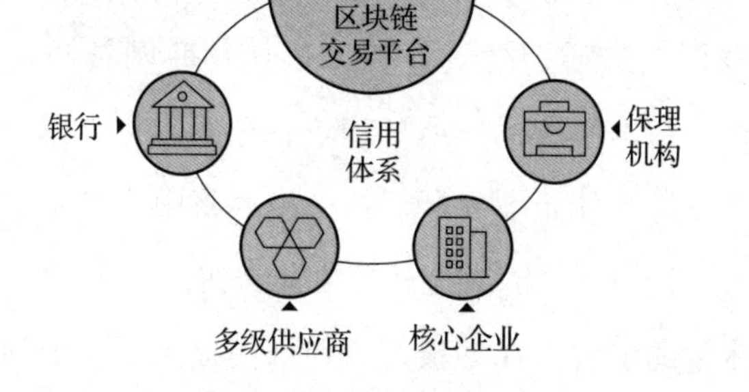

图5-5 供应链＋区块链

1. 江苏银行

江苏银行于2007年1月24日正式挂牌开业，总部位于江苏南京。2016年8月2日，在上海证券交易所主板上市；截至2018年年末，总资产1.93万亿元，员工1.4万余人。

江苏银行是A股上市银行中对区块链技术较为积极的银行，已将区块链应用于出口应收账款融资业务，落地“一带一路”项目25个，境外项目涉及亚洲、非洲、欧洲等近20个“一带一路”沿线国家和地区，如图5-6所示。

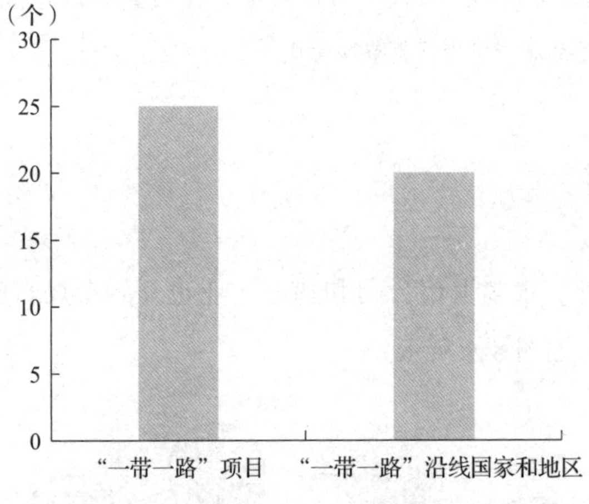

图5-6　江苏银行区块链平台应用服务

区块链的作用是解决信息不对称、可追溯，只要是能够应用的场景，银行是愿意投入的。以动产质押为例，早在2017年，江苏银行就在全国首推全线上物联网动产质押融资业务，依托物联网核心技术，实时获取企业质押物信息，精准解决动产质押痛点，全线上化操作，以更安全、更便捷的融资服务支持实体企业发展。这个模式将中小微企业的融资成本从12%～15%降低到了6%，同时流转速度非常快。

随着放款体量的增大，江苏银行风控部门提出了一个问题：怎么保证合作平台的数据可信？因此，江苏银行开始探索利用区块链技术来解决供应链数据不真实和信息传递过程中的不对称问题。同时，江苏银行还开发了基于区块链的供应链云平台，不仅可以将核心企业的信用转移给供应商，而且可以无限流动。目前，江苏银行动产质押业务已达 100 亿元。

2. 联想集团

联想集团成立于 1984 年，拥有 4.2 万名员工。2018 年，联想集团营业收入为 971 亿元，在 2019 年中国制造业 500 强企业中排名第 16 位，为在联想的供应链中，有 2000 家合作供应商、36 家零部件制造工厂和 51 个配送中心，其产品销往 170 多个国家和地区。

自 2014 年开始，联想启动了全球供应链数字化转型工作。为了将信息可视化和高效流转，联想从 2017 年把区块链引入供应链协同，目前已累计投入超过 6 亿元。基于区块链，联想打造了一个"Buy/Sell"场景的供应链试点项目，并于 2018 年 3 月上线。该项目是以联想为核心企业的共享账本，以解决供应商和经销商之间的电子采购、订单信息协同等问题。为了解决数据隐私性问题，该项目对交易权限进行管理，确保了交易方数据是共享的，不参与交易的数据是私密的。

在该试点项目的基础上，联想又推出了"B-Connected"供应链解决方案。这种方案架构分为五层，最底层是由服务器 / 云支撑的基础设施层；往上一层是区块链框架层，支持联想研发的区块链 LeChain 和 HyperLedger 的 Fabric；第三层是区块链服务层，包含隐私保护和联盟管理模块；第二层是接口层，提供 SDK 和 API 接口及 BaaS 组件；最上面一层就是面向具体场景和行业的应用层，如图 5-7 所示。

3. TCL

TCL 创立于 1981 年，除了我们熟知的 TCL 集团外，还有四家上市公司。截至 2020 年 4 月，集团共有 7.5 万余名员工，在全球 80 多个国家和地区设有销售机构，销售网点 4 万个，经由"四条供应链"(产品设计与制

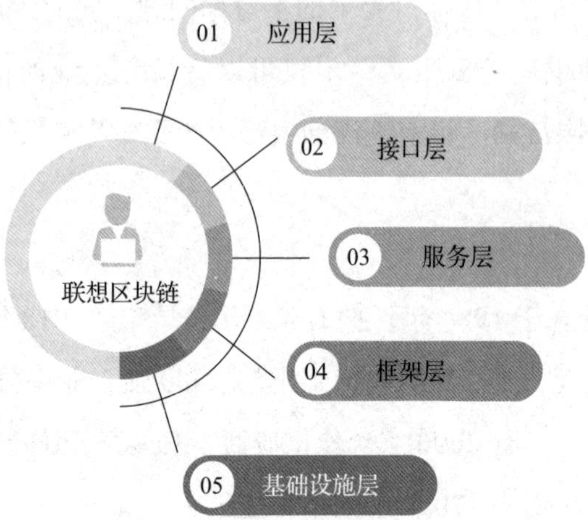

图 5-7 联想区块链解决方案

造链、物流供应链、质量保证链、产品创造与支持链）实现全球资源高效配置，业务遍及全球 160 多个国家和地区。

TCL 简单汇是由 TCL 孵化出来的金融科技公司，旨在解决中小微企业融资难、融资贵问题。得益于 TCL 的积累，简单汇在产业和金融方面有着先天优势。从 2015 年上线至 2019 年 9 月，平台注册企业数量 14545 家，累计交易规模 2973 亿元，累计融单放款金额 396 亿元，整体融资成本在 6% 以下。

区块链在供应链金融中起到的作用表现在以下两点。第一，系统的互联。在传统的供应链金融模式里，系统两两之间必须有开放接口，区块链基于 P2P 的网络，任何一个系统对接一个区块链接口，就可以产生数据。第二，快速验证。例如，核心企业把一些数据存到区块链上，保理公司就能验证出这些数据是否来源于核心企业的第一手资料。

4. 众安保险

众安保险成立于 2013 年。2017 年 9 月，众安保险在中国香港联合交易所主板正式挂牌。

众安科技是众安保险的全资子公司，专注于区块链、人工智能、大数据、云计算等前沿技术研究。目前，众安科技围绕保险生态探索区块链在供应链金融的应用。例如，众安科技为了解决经纪代理公司的资金周转问题，开发了一套基于区块链的供应链平台，将经纪公司的日融资成本从0.5‰降到了0.3‰。再如，为了解决再保险行业交易双方信息不对称引发道德风险及交易信息化水平低引发操作风险的问题，众安科技将区块链应用于再保险市场，低成本实现再保险数据的共享和交换。

众多公司区块链平台的建设，是将本企业集团内企业的债权进行内部融资流转的，这也是Token在债权拆分中的小范围应用。可以预见，如果国家建设统一的区块链金融平台或者由国家权威中央企业承建，那么各企业的债权Token将是受众广泛的大市场，金融的效率将会更高，工业企业的融资成本将会更低。

第三节 流通票证区块链数字化

一、身份认证

在使用区块链标定资产的过程中，更为开放的区块链需要参与者来确认身份，保证监管的需要。在扎堆开发ABS区块链的时代，可能缺失的是对监管的注意。百度是国内最早应用区块链技术发行ABS项目的公司，其在2017年就发行了供应链ABS项目。之后，陆续有金融机构、券商、金融科技公司等参加进来。云南信托携手招商银行在区块链ABS系统方面启动了实质性合作，招商银行依托行内的Fin Tech基金支持开发并上线了资管ABS区块链系统。

各家机构共同聚焦的行业痛点是由ABS业务本身具备的特点所带来的，如涉及主体众多、流程复杂、资金笔数繁杂。但同时也存在一个问题，区块链虽然能够解决链上信息可信传输的问题，却无法在入口资金真实性上发挥作用，容易引发坏账，这也是很多媒体报道中总被提到的问题。我们认为，身份认证可以解决入口资金的真实性问题，如使用银联的数字证书或者重新进行人脸等身份要素识别。

人脸识别是基于人脸特征信息进行身份识别的一系列相关技术。它是摄像机或摄像头采集包含人脸的图像或视频流，自动检测并跟踪图像中的人脸，然后对检测到的人脸进行识别，通常也称人像识别和面部识别。很多上市公司对在线身份识别拥有先进的技术和广泛的应用，在线身份识别解决了互联网中身份的确认工作，因为在网络经济发展中，各方可能不再进行线下的见面核实，完全依靠在线身份进行识别，而区块链最开始的应用——数字货币，采用的是完全匿名的机制，这与监管并不相符。

所以，在线身份识别的基础技术为区块链的发展解决了后顾之忧，使线上交易的身份可认证、可追溯，金融交易更为安全可靠，在身份确认的基础上，依靠区块链技术的不可篡改性，实现数字资产的融资交易。区块链的身份认证如图 5-8 所示。

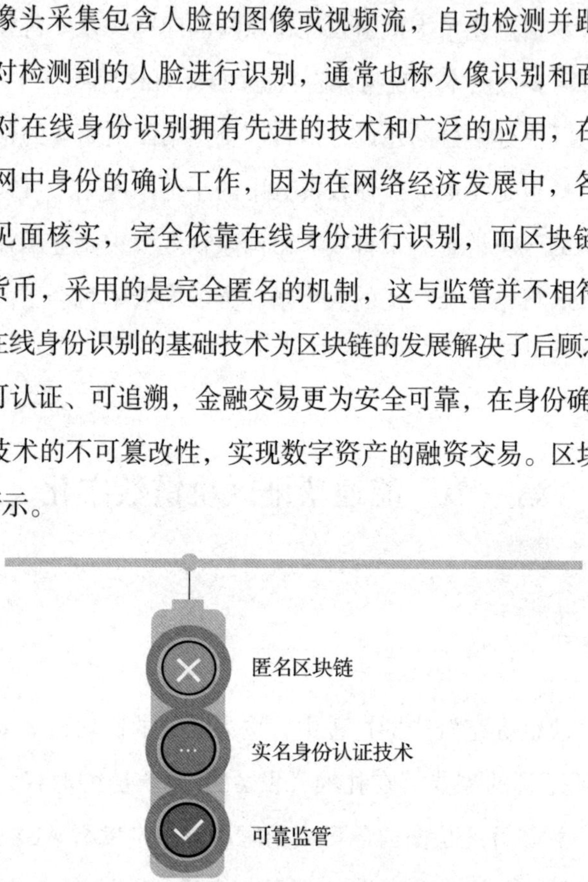

图 5-8　区块链的身份认证

专栏 5-3

光大银行：利用金融科技建设雄安新区

1. 企业概况

中国光大银行成立于 1992 年 8 月，是经国务院批复并经中国人民银行批准设立的全国性股份制商业银行，总部设在北京。中国光大银行于

2010 年 8 月在上海证券交易所挂牌上市，2013 年 12 月在香港证券交易所上市。

截至 2020 年 6 月 30 日，中国光大银行在国内设立分支机构 1290 家，实现了中国省级行政区域服务网络全覆盖，机构网络辐射中国 147 个经济中心城市。中国光大银行在 2020 年“全球银行 1000 强”排行榜、“全球银行品牌价值 500 强”排行榜中位列第 35 和第 28。中国光大银行也加速其国际布局，先后开通了香港分公司、汉城分公司、光银国际、光银欧、卢森堡支行，成立了悉尼分公司，突出了“社会责任日”，支持“母亲水窖”公益活动多年，在社会上产生了很大影响。中国光大银行在英国《银行家》杂志 2017 年发布的“全球 1000 家主要银行排行榜”中，排名第 49；在英国《银行家》杂志 2018 年公布的“全球 1000 家主要银行排行榜”中，排名第 39；2019 年 12 月 18 日，入选《人民日报》“中国品牌发展指数”100 强榜单，排名第 73；2020 年 3 月入选 2020 年全球品牌价值 500 强第 184 位。

2. 阳光链

2017 年 4 月，雄安新区诞生了，它是中国试验的新样板，是改革的试验田。雄安新区是千年大计，根据国务院发布的指导意见，“要有序推进金融科技领域前沿性研究成果在雄安新区率先落地”，雄安新区利用科技来管理是雄安新区的“新”的重要意义，就是要用最新的技术来发展和引领经济的转型，作为雄安新区开发建设的主要载体和运作平台。雄安集团日前已推出区块链资金管理平台，利用区块链技术对拆迁、安置、建设资金进行穿透式管理，实现工程项目管理优化，以有效保障新区建设者的劳动报酬权益，实现新区经济发展与社会治理体系完善、民生政务水平提升的有机统一。

在此过程中，光大银行响应国家号召，积极支持雄安新区区块链应用探索，与雄安工程项目区块链资金管理平台的两期合作项目均已顺利上线。

光大银行利用“阳光区块链”这一金融工具，与区块链资金管理平台开展紧密合作，全面服务于雄安新区67个各类型拆迁、安置、建设大型项目。

光大银行基于区块链资金管理平台相继推出了“区块链支付”“区块链托管”“区块链代发”等金融产品，为工程项目全链上管理提供关键支撑。同时，光大银行还根据与雄安多元业务合作需要，进一步推进区块链与生物识别、大数据、人工智能、物联网等金融科技能力的融合输出，与雄安共建安全、便捷、普惠的产融合作生态体系。

3. 案例启示

光大银行通过区块链嫁接供应链，实现了双链融合，将企业与银行之间的联系变为区块链联系，整个生态中的企业都可以参与到链上来，加入信息提供和信息使用中来，使区块链上企业越来越多，自主应用越来越方便，链上企业与银行之间的借贷、融资、委托支付也越来越通畅。

资料来源：笔者根据多方资料整理而成。

二、区块链发票

区块链在政务中的应用典型就是区块链发票（见图5-9）。以前我们的发票极容易造假，电子发票还可以无限复制和重复打印，真伪难以识别，财务监管难度大。区块链发票就是一股清流，区块链具有的去中心化、不可篡改、分布式一致性、隐私保护等优点，区块链发票全都具备，所以无法在区块链发票上弄虚作假。

区块链电子发票能连接每一位发票关系人，可以追溯发票的来源、真伪和报销等信息，让发票信息全场景流通成为现实，解决发票流转过程中一票多报、虚报虚抵、真假难验等问题。

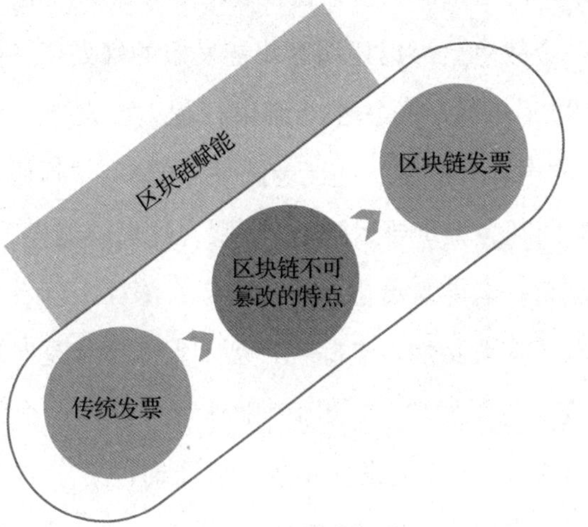

图 5-9　区块链发票

区块链发票也可以说是一种电子发票，不仅节省资源，而且方便快捷。以前使用纸质发票的流程是排队、半小时确定发票存活，然后半小时确定发票的真假，无法估量的时间贴发票，然后在公司提交发票，公司财务还要再核定一遍发票的真假。而区块链发票打通了发票申领、开票、报销、报税全流程。有了它，结账后就能通过微信自助申请开票、一键报销，发票信息将实时同步至企业和税务局，并在线上拿到报销款，报销状态实时可查。简单来说，有了区块链发票，我们再也不用排队开票，不用手写抬头，不用担心发票不见，不用贴发票，不用线下交单。一切流程都在手机上解决。对于用户来说，优化了发票报销、报销需要打印等问题，既环保又节约纸张。对于企业来说，优化了无法批量查询发票真伪、开票成本高等问题，大大节约了人力成本和时间成本。对于税务局来说，优化了长期存在的中心化存储、参与方割裂的弊端，工作上更方便了，成本也降低了。

2018 年 8 月 10 日，全国第一张区块链电子发票在深圳国贸旋转餐厅开出。2019 年 3 月 18 日，全国首张轨道交通区块链电子发票在深圳地铁福田站开出，宣告深圳区块链电子发票推广至交通行业。现在除了乘坐出租车外，使用乘车码搭乘深圳市地铁全线均可开具区块链发票。

我们来看一个故事就可以说明区块链发票的好处了。陈师傅是一位驾龄超过十年的 80 后的哥。每次乘客结束行程索要发票，伴随着机打发票“嗒嗒嗒——”的声音，还有一些让老陈烦恼的事：“师傅，发票可以打快点儿吗？我赶时间呢，上班要迟到了。”“喂，这里不能停车，快开走！”其实，不仅乘客着急，老陈自己也糟心。如今，深圳市已有两万多辆出租车上线了区块链电子发票功能。老陈说自己不太懂什么是区块链，但会向更多乘客介绍区块链电子发票：“您随时随地都可以开这个发票，保存在手机里，还不容易丢。”区块链发票不仅节省了时间、节省了费用，还具有不可篡改性，因为它使用了区块链的加密算法，在电子发票中，只要稍做修改，都会被验证出来，造假发票就不可能了。领取发票的人回去报销审核验证也非常简单，因为使用通用的技术，很多读取软件都可以轻易地进行验证，省去了传统发票到固定网站验证并打印的时间，也减少了核验篡改的问题。

区块链发票可以说是供应链金融的另一个保障，它保证了交易的真实性，较少了监守自盗的机会，通过交易数据的上传和上链，整个交易过程更加清晰可见，物流、信息流和资金流合一，金融造假会越来越少。

第四节　供应链金融的扩展

一、票据池

提起上市公司，易见供应链管理股份有限公司（以下简称易见股份）是必然要提到的企业，也是区块链行业知名的上市公司。

专栏 5-4

易见股份：打造区块链数据池

1. 公司概况

易见股份立足于核心企业（区域特色产业）的需求，积极实施国家“数字经济”发展战略，重点研发和应用区块链、物联网、人工智能等先进技术。依托公司自主可控的“可信数据池、可信仓库、对象纹理识别”等技术，实现商品本体的可追溯性，保证原始数据的可信交互，支持数字资产的流通，构建新一代工业数字资产管理技术架构，致力于成为世界领先的数字资产服务提供商。

2. 区块链项目介绍

易见股份的主要产品是基于区块链和物联网技术的“可信数据池”和“可信仓库”。

“可信数据池”具有以下特点。第一，数据安全可控。企业拥有数据所有权，业务伙伴只有在获得数据访问授权后才能访问数据，数据操作行为得到充分记录。第二，共享数据实时一致。基于区块链的共识机制，企业与业务伙伴共同维护共享账本。第三，数据共享网络是自我管理的。独特的“合作伙伴功能”支持企业根据业务发展自主建立和管理业务组，并在组内以点对点的方式完成数据共享。截至 2019 年 11 月，“可信数据池”中证书的可信交易金额已超过 150 亿元。

易见股份与 IBM 中国研究院合作开发了一个基于区块链技术的供应链金融平台——“易见区块”，于 2017 年 4 月首次推出，经过自主研发和技术迭代，“易见区块”在实践中逐步演进，并已通过国家网络信息办公室备案，成为区块链产品和区块链信息服务的第一批产品。目前，该平台已服务于制造业、医药、物流、期货等多个行业。针对金融机构在动产融资过程中所担心的动产无形、监管难、权属不清、重复质押等问题，易见股份研发了深度融合物联网的“可信仓库”产品，将人工智能和区块链技术用于仓库监管。“可信仓库”将仓库中的实物资产数字化，使实物资产的交易和流通以数字资产的形式完成，它是大宗商品进入数字时代不可或缺的基础设施。目前，公司已与云南农垦集团、农业发展银行云南省分行开展全面合作，围绕可信仓库、农产品交易、金融服务，共同打造了“云南农业供应链管理服务平台”。

3. 案例启示

易见股份对“区块链＋供应链金融”的探索被业界广泛认可，基于其实践成果，易见股份荣获了“2018 年度杰出区块链领军企业”金链奖，易见区块链系统荣获了“2018 年杰出区块链项目”等奖项。2018 年，易见股份成为中国金融科技企业前 100 强企业。

易见股份在区块链中的发力，使其成为股市中的亮点，在股市中更加吸引股民的注意力，不仅收获了产业，也收获了资金。

资料来源：笔者根据多方资料整理而成。

二、流通链企业上链

1. 流通链

化工是一个比较细分同时拥有巨大市场空间的领域，与我们的生活紧密相关，人们的吃、穿、住、用都离不开化工。化工供应链体系中很多小的运输公司，虽然每天都在给企业运货，但是通常是半年才会结算，现金流吃不消。

怡亚通成立于1997年，10年后登陆A股，拥有“A股供应链第一股”的称号。据2018年年报，怡亚通营业收入为701亿元，员工1.6万人。

怡亚通和南京银行共同打造了一个区块链体系。在这个体系中，供应链的上游、运输公司、CCIC（中国检验认证集团）、供应链下游等参与方组成了一个联盟链（见图5-10）。运输公司的每一笔运费都登记在区块链上，根据智能合约自动生成一个白条。运输公司拿到白条以后可以直接到银行无条件兑付，从而解决了现金流吃紧问题。可以看出，区块链发挥的作用就是为企业的真实业务增信，然后进行价值化和可传递化，盘活企业存量业务。

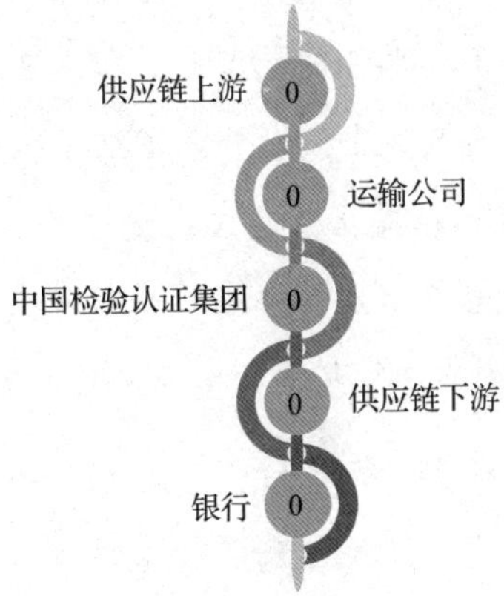

图5-10　联盟链（怡亚通＋南京银行）

2. 运盟链

可以说，除了在供应链金融领域外，联盟链还可以做得更多，也就是说，加入联盟的企业越多，企业互信生态越完善，商业机会就越多。简单来说，供应链金融的商业机会是资金流的重设。此外，物流、商流等都可以在这条链上建立可以信息穿透的机制，如汽车厂家、维修厂都可以参与进来，为有货物的车主提供购买车辆款的分期、维修款的分期等服务。

专栏 5-5

中国万向：运链盟

1. 企业概况

万向集团始建于1969年，自鲁冠球在钱塘江畔投资4000元创办农机修理厂以来，已发展成为一个年收入1000多亿元、利润100多亿元的现代化跨国企业集团，年均增长率达25.89%。万向集团是国务院120家试点企业集团和全国520家重点企业中唯一的汽车零部件企业，是中国进入世界名牌的16家具有国际竞争力的企业之一，被誉为“中国企业常青树”。

万向集团专注于汽车零部件的制造和销售，在国内已形成6平方千米的制造基地，与一汽、二汽、上汽、广汽建立了稳定的合作关系，主导产品市场占有率超过65%。在美国、英国、德国等多个国家拥有近30家公司、40多家工厂和16000多名海外员工，是通用、大众、福特、克莱斯勒等国际主流汽车工厂的配套合作伙伴，主导产品市场占有率达12%。

2. 万向区块链

2015年，中国万向控股有限公司在区块链技术领域开始了战略性布局，逐步打造了万向区块链实验室、新链空间等业务形态。2017年年初，在进一步整合资源、深化平台建设的基础上，上海万向区块链股份公司正式成立。除实验室、新链空间外，万向区块链还组建了分布式商业事业群，为各行业提供企业级的区块链产品和应用解决方案。万向区块链致力于构建一个充满活力的区块链生态圈，从技术、资金、资源等多方面全力推动中国区块链行业发展和业务落地。

3. 运链盟

在传统的车辆物流中，一般采用纸质单据，这会导致交接流转时间长、成本高、易污染和易丢失等问题。由于多式联运方式的原因，承运人之间的联系和合作往往比较困难。上下游企业核算对账周期长，承运商平均应收账款会计期间长。此外，由于下游运营商金融信用相对较低，因此融资难度大、成本高。

运链盟聚集了整车物流业务的相关各方，包括汽车原始设备制造商、物流商、运营商、4S店等，并引入金融机构来解决运营商融资难的问题，如图5-11所示。通过运链盟，全业务流程在链上管理，汽车主机制造商和物流商可以在线下订单和运单；各级运营商可在线记录运营交接凭证、结算凭证、发票等业务数据，实现上下游企业的在线对账；金融机构可以根据链上记录的业务数据为运营商提供金融服务。

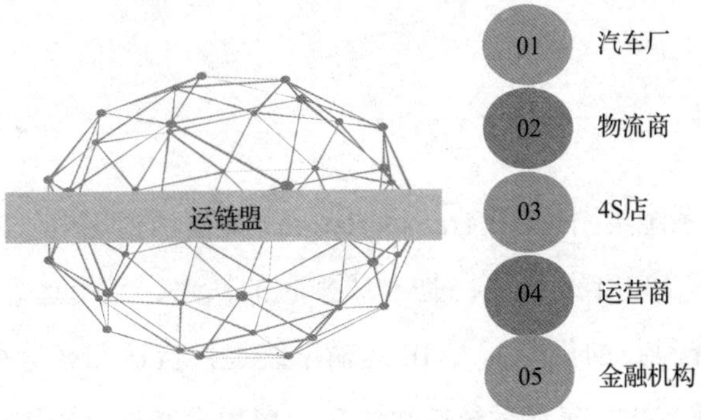

图5-11　运链盟生态

首先，由于运链盟实现了物流运输过程中订单和运单的电子化，以及上下游企业的在线对账模式，可以有效降低传统纸质单据的成本。其次，业务流程链管理可使上下游企业实现数据共享，提高整体运营效率。再次，区块链还可以确保记录数据的真实性和可靠性，为所有业务方提供全过程可追溯，穿透资产所有权和验证渠道，降低欺诈的可能性。最后，金融机构还可以依托汽车主机厂商的委托转让和网上应收账款及发票记录，为运营商提供金融服务。中小运营商也可以以较低的成本获得了更多的融资机会。

通过运链盟，运营商不仅可以每月以“T+0”的速度从银行筹措业务所需的发展资金，还可以降低制单、快递、纸质运单、人工等成本费用，并将对账周期至少缩短30天。更多的中小型商家也通过运链盟获得了较低成本的融资。

4. 案例启示

不仅是银行，传统的工业企业、商业企业都可以利用区块链来实现生态拓展，万向集团就是一个典型的例子，万向集团将上下游企业和银行并入自己开发的运链盟，实现了整个链条产业的紧密结合，同时增强了万向集团的整体竞争力。

资料来源：笔者根据多方资料整理而成。

3. 全球链

GE运输系统集团（GE Transportation）是美国通用电气的下属公司之一，拥有超过100年的历史，是全球领先的铁路、船用动力、钻井电机、采矿业和风能科技的供应商。GE运输系统提供货运和客运火车机车、铁路信号、通信系统、集成系统解决方案、船用发动机、矿用卡车电动轮驱动系统、钻井电机、高品质的零备件及售后服务。

GE运输系统集团已经宣布加入全球区块链货运联盟（BiTA）——一家全球化的区块链教育和标准开发行业组织。作为一种数字化分类账本技术，区块链可以记录交易，并将数据存储在分布式网络的区块中。

全球区块链货运联盟成立于2018年8月，已经吸引了京东物流等230多家公司加盟，旗下成员包括整车运输企业、第三方物流服务提供商、科技公司、知名零售商和金融服务提供商。GE运输系统集团首席数字官表示："随着GE运输系统集团拓展更广泛的供应链业务，我们需要在每个节点和多种模式下连接合作伙伴和客户。希望将我们的应用程序带到全球区块链货运联盟，并且共同寻求在所服务的行业中发挥区块链技术潜力。”

虽然区块链技术可能还需要几年时间才能成为主流，但知名市场研究公司 Gartner 的分析数据称，该技术可能在 2025 年前带来 1760 亿美元的商业增值，而到 2030 年，这一数字甚至会超过 3.1 万亿美元。

2019 年 11 月 12 日，毕马威会计师事务所（KPMGLLP）宣布与全球区块链货运联盟建立合作伙伴关系，以帮助其开发货运行业的区块链标准。目前，货运行业的区块链标准，面临着管理与支持相关智能仓库、快速和有竞争力航运实践、实体在线零售商业模式的演变等复杂任务，虽然区块链可以解决这些挑战，但是货运和技术组织都需要一个共同的基础。尽管它们在全球范围内的联系越来越紧密，但是货运业务的持续增长将有赖于降低与当前运输物流系统相关的成本、风险和安全问题。毕马威会计师事务所是全球领先的专业服务公司之一，它为许多全球最大、最负盛名的机构提供创新的业务解决方案和审计、税务和咨询服务。据毕马威美国区块链负责人称：“即使运输物流行业已经在技术上取得了重大进展，但目前来说整个货运过程仍然昂贵且脆弱。区块链有潜力解决这些问题，并能颠覆许多货运组织数十年来依赖的系统，同时它还能在包括供应链在内的组织核心业务中产生更高的透明度、更快的速度及可靠性和信任。”

区块链在供应链金融中的发展最为简单和最有效的应用，也许就是运输配套商的应用，因为企业商品的运输离不开货运市场，而特殊产品的货运更是必需的，货运商的不同路段、不同情况需要联运。为了使不同的承运商能够及时回收货款，所以货主的承兑保证需要及时变现，并且不同承运商甚至跨国承运商之间需要对白条进行拆分。为了保证不同国家不同领域的承运商、银行能够随时验证，区块链的应用已经不是锦上添花，而是必需的。

三、区块链投票

1. 区块链列入数字化转型企业战略

2019 年 2 月 15 日，《区块链信息服务管理规定》正式实施。从这个规定来看，国家开始正视区块链的发展。由国家互联网信息办公室对区块链应用进行备案，这也是明确监管的信号，鼓励企业探索区块链的应用。

截至 2019 年年底，国家互联网信息办公室已经发布了两批，共 506 个境内区块链信息服务名称及备案编号。其中，中国平安系的备案项目最多，达 12 个，超过 BATJ，可见平安集团对区块链战略的重视。我们看一下，如图 5-12 所示区块链布局的突出企业，能更好地理解区块链的发展方向。

图 5-12　区块链布局的突出企业

2. 变更投票方式

我们要注意的是，平安银行的区块链投票平台对金融发展有良好的促进作用。

当一个团体出现多种意见时，公平的投票一定是解决这个问题的好方法。投票是自古以来便存在的一种较为公正的表决行为，投票的本质是群众通过票数来选择自己的主观倾向，投票的种类包含但不限于选举投票、赞成投票等。

自从投票这一行为出现以来，最常用的投票方式同时也是最传统的方式是纸质投票。传统的纸质投票比较适用于人数不多的情况下，当人数增多时，传统的纸质投票所耗费的人力物力就会成倍地增加，这样会导致资源的极大浪费，因此近几年来人们都在提倡使用电子投票的方式参与投票。

相比于传统投票，电子投票有着更大的优势：没有区域的限制，偏远地区的人也可以参加投票；耗费的人力物力远低于纸质投票，投票的人数越多，所节省的资源也就越多。

这样看来，电子投票应该是投票的最佳选择了，那为什么人们不全面普及电子投票而仍然还在使用传统的纸质投票系统呢？原因是，首先电子投票系统与纸质投票系统相比，由于投票信息全是电子信息，容易出现有人恶意篡改数据来获利；其次当电子投票系统出现故障时，会导致系统漏记、误记投票，现有的电子投票系统投票被漏记的可能性是相当大的。

那么，区块链技术如何使电子投票系统更加安全与可靠呢？首先区块链可以给每一个投票的用户一个独一无二的电子标识，运用了区块链技术的电子投票系统可以识别这些电子标识的真实性；而投票者的个人信息是完全匿名的，每个参与投票的人都不会知晓其他人的投票选择。而区块链的不可篡改性使投票信息难以被篡改，区块链技术分布式的数据结构，使数据被上传的时刻就被多方保存下来，这样就可以减少漏记、误记的可能性。

那么，如何在区块链上进行投票呢？设想一下，竞选委员为每个候选人或待选人创建一种数字“钱包”，经过授权的选民，每选一个席位就放一个代币或其他币。公民可以通过个人化身匿名投票，只要把“币”传送到所选候选人的钱包中就可以了。区块链会记录并确认这笔交易，最后得到币数最多的获胜。

有人尝试通过结束“端对端审计投票系统”来解决信任问题。选民通常通过自助服务终端来投票，这种方式会产生一份加密验证过的纸质记录，不过最后结果还是采用电子计票。使用加密的工作量证明系统，来证明这一信息是在某一日期发送的。我们可以利用这一系统，在大会开始前，证明选举日期的真实性。

2015 年，雅典大学的学者发表了一篇文章，介绍了 DEMOS——一种新的端对端（E2E）电子投票系统。这种系统通过了标准模型的验证，无须依靠设定好的假设，或接入“随机信标”。它采用的是区块链这样的分布式公开账本，从而创建出数字投票箱，供世界各地的公民进行投票。端对端可验证的选举设备，会监测出那些试图扰乱结果的选举当局。选民投票后，可以收到回单，让他们验证：① 其选票已经按其意愿投出；② 其记录结果也与意愿一致；③ 该票按记录计入最终结果。然后外部第三方会验证选举结果。不过，选民还是要接受设置好的假定结果，并且面对结果。在 DEMOS 的辅助下，投票系统会生成一系列随机数字。选民会得到两组数字或者密钥：一组对应他们自己，另一组对应他们支持的候选人。加密票投出后，会传送到各个服务器上。最终结果会公开发表在一个“公告板”上，并显示所有相关信息。

3. 区块链投票的优点

区块链投票提高透明度的一个连带作用是减少欺诈。通过区块链身份验证，欺骗系统或在错误的司法管辖区投票变得更加困难。随着时间的推移，区块链可能成为一个国际投票标准，国际社会将提倡在所有国家实行区块链治理。

区块链投票可能更加节省费用，如节省投票的设备和统计的人工。如果区块链使投票透明，那么我们就可以实时跟踪和统计选票，意味着选举可以在更短的时间内完成。此外，如果它们是数字化的，那么投票基础设施的投入就会减少。因此，投票选举可以在很短的准备时间内进行，以便迅速进行全民投票。

这将完全改变我们的日常生活。想象一下，如果你可以在手机上投票决定你所在城市的交通路线，或者是否要增加税收来为你所在的社区建造一个新的公园，投票可能成为高度定向的，甚至会出现面向社区的投票。

投票更频繁，而几乎不需要增加开销，这可能使投票成为日常事件。

政府并不是唯一能从区块链投票中受益的机构，公司的员工或股东也可以为公司计划投票表决。甚至会出现一种无主企业，企业的每一个决定都是由股东公开投票决定的。

区块链投票的一大优势是提高参与度。如果区块链让你可以通过智能手机或计算机进行数字投票，选举就会像在几分钟内登录和投出选票一样简单，这将大大增加选民的投票率。

4. 区块链投票决策

2019 年上半年，深圳率先推出了以区块链技术为核心的 P2P 网贷机构良性退出统一投票系统。截至目前，已在全市 20 家网贷机构投入应用，引进贷款人 8 万多家，等待领取本金 102 多亿元。

2018 年 9 月 21 日，杭州市江干区法院召开了杭州大世界五金城有限公司第一次债权人会议，会议采取现场会议与网上会议相结合的方式，将网上投票数据写入络谱区块链登记开放平台。

债权人会议是指由法院裁定破产重整（清算）后依法宣告债权，在破产重整（清算）程序中享有自主权利，充分保护债权人利益的债权人组成的临时组织。债权人会议应当表决债务人财产管理方案、破产财产价格变动方案、债权人会议表决方案、债权人委员会议事规则和债权人委员会委员。

络谱区块链登记开放平台是中钞区块链技术研究院与合作伙伴基于区块链领域多年的技术研究成果，共同推出的区块链登记投票开放平台。

按照传统的方式，共有 625 名债权人需要到会场进行现场投票，债权人分布在全省各地，大部分是市场商铺业主，因此，本次债权人会议的召开将在场地、安全等方面有实际困难。

但这次会议不一样。当天实际参加会议的只有 21 人，近 240 名债权人通过中国工商银行金融 App 破产管理平台远程登录参会，债权人可随时观看本次会议的视频内容。会议期间，债权人通过会场位置先后安排了选座和网上报到，并结合文字广播实时了解会议内容和表决事项。

同时，许多债权人可以通过在络谱存证平台的破产管理模块进行投票，该平台将同步登记投票内容并向社会公布。鉴于债权人需要熟悉新技术的使用，管理人根据债权人的要求，延长了表决期限。经审议，专家组同意将债权人会议表决时间延长至2018年9月27日11：00。最终完成区块链债权人累计表决500余票，超过债权人总数的80%，有表决权的债权人（含弃权）所持债权比例超过94%。

区块链技术应用于债权人会议，在空间和时间上都比传统模式下的债权人会议具有更大的优势和便利，保证了债权人知情权、表决权和审议权的充分行使。

章末案例

趣链科技：区块链技术提供商

1. 公司概况

杭州趣链科技有限公司是一家国际领先的区块链产品和应用解决方案供应商，致力于数字时代的商业基础设施建设。其核心产品包括全球领先的联盟区块链底层平台、自主研发的链数据协作平台 BitXMesh、区块链跨链技术平台 BitXHub、一站式区块链开放服务平台飞洛 BaaS，均为国内自主可控。联盟区块链底层平台在性能、权威性、安全性、隐私性、可靠性、可扩展性、运维等方面满足了企业的需求。该平台是中国第一批通过工业和信息化部标准研究院、信通院区块链标准测试，符合国家战略安全规划的区块链核心技术平台，连续多年在中国信息通信技术研究院区块链功能测试和性能测试中排名第一。目前，公司已参与制定了近百项国际和国家标准。

作为行业内落地场景最丰富的区块链企业，趣链技术的产品已广泛应用于金融、民生、政务、司法、能源、制造等重点领域。公司服务于住房和城乡建设部、审计署、工业和信息化部、国家市政监管局、中国人民银行等数百家机构，还有包括沪深证券交易所、主流股份制商业银行、国家电网和地方政府等机构，支撑着上千亿元的业务规模。

趣链技术积极构建产业生态，助力社会数字化转型。公司与多家知名企业联合成立多家合资企业，布局"区块链＋金融、物联网、医疗、智慧政府、智慧城市"等领域。同时，与浙江省网络信息局、浙江大学共同合作，建立了浙江省区块链技术研究院，并与浙江大学合作建立浙江大学区块链研究中心。趣链科技是国内区块链行业最大的融资纪录保持者，2021年完成了数亿元的C轮融资（投资者为易方达和银宏基金）。它是区块链领域的"独角兽"企业，在公司规模、技术实力、合作案例、资产规模、社会效益等方面均遥遥领先。

2. 主要产品

BitXHub。BitXHub是趣链科技自主研发的开源跨链技术平台，采用中继机制提供安全高效的跨链服务，解决了跨链交易的捕获、传输以及验证等核心难题，专注于异构和同构联盟链间的账本互操作，支持资产互换、数据互通及服务互补。

飞洛BaaS。区块链开放服务平台（Blockchain as a Service，BaaS）是趣链科技为企业和开发者推出的区块链在线服务平台，提供专业、全面、国际领先的区块链技术服务。平台提供一站式的区块链应用研发工具和丰富的解决方案，支持区块链框架在云、物理机的多种自动化部署模式，可极大地提高资源使用的灵活性并降低开发成本。

飞洛印。飞洛印存取证服务平台，是趣链科技为取证、公证、仲裁、诉讼等场景设计的一站式司法服务平台，提供司法取证、电子数据确权存证、司法服务通道等多维度服务。平台具备电子数据存证、网页取证、过程取证、移动取证、司法服务功能，满足传统企业、法律工作者、互联网从业者等各类场景下的存取证需求。

3. 赋能银行业发展

趣链科技与中国建设银行已经开展了深入合作。基于趣链科技国产自主可控区块链底层平台 Hyperchain，帮助其建设区块链 BaaS 平台，建成区块链基础服务提供能力，实现区块链网络环境的快速交付，提供区块链便捷运维及监控能力，满足行业内更多的区块链应用落地需求，将区块链技术和云服务完美对接，实现区块链技术在中国建设银行产品中的应用，为其区块链生态的构建与发展提供了强有力的技术赋能。

公积金互联。趣链科技联合中国建设银行及国家住房和城市建设部共同开发公积金数据共享平台。该平台目前覆盖了全国 491 家公积金中心，超过 190 亿条上链数据，服务 1.3 亿缴存职工。利用区块链技术，确保数据传输、存储过程可信。实现多方对账，及时发现和处理错误数据，实现公积金中心、住房和城市建设部、税务总局之间的数据及业务协同，助力税改及后续业务的办理。

公益慈善。趣链科技为建信金融科技的“善建益行”项目提供区块链底层技术支持。通过将慈善捐款环节中的关键节点数据上链，解决传统公益慈善活动中的痛点，提高了平台的公信力，降低了慈善事业的运营成本。

药品溯源。趣链科技为中国建设银行山东省分行开发的区块链药品协同追溯平台，实现药品流向管理和防伪防窜。通过对全渠道的客户数据统一管理、市场渠道统一划分，在药品流通过程中做到事中预警、事后透明化、来源可查、去向可追的管理目标。利用区块链技术结合物联网、防伪标签，实现药品有效防伪；保证环节公开透明，药品流转任意环节可追溯；全链路信息上链，数据高效共享；自定义权限体系，满足多方协作信息权限要求。

房屋租赁。截至目前，“住房链”已经接入了包括建融家园、蛋壳公寓、我爱我家在内的7个省市的十余家住房租赁平台，上链房源超过10万套。通过区块链技术将租赁合同进行链上存储和验真，保证交易的公正公平；利用区块链将房源投放、客户预定、客户签约、退租等环节的状态进行同步，有效制止“一房多租”情况的出现。

碳积分。碳积分项目旨在打造一个低碳能量积分系统，引入区块链技术，通过量化给予积分鼓励用户，从而推动绿色低碳政务，实现用户积分信息通用和有效性，实现以“线上办事行为—量化为低碳能量积分—积分线上公益消费—线下商品和服务兑付”为路径的产品闭环，引导用户直接、快速和有效地参与平台运用，同时增强用户环保理念。

4. 案例启示

趣链科技专注于区块链的应用发展，趣链科技董事长陈纯1990年获浙江大学计算机应用专业博士学位，2015年当选为中国工程院院士。2019年10月24日下午，中共中央政治局就区块链技术发展现状和趋势进行了第十八次集体学习。中共中央总书记习近平在主持学习时强调，区块链技术的集成应用在新的技术革新和产业变革中起着重要作用，我们要把区块链作为核心技术自主创新的重要突破口，明确主攻方向，加大投入力度，着力攻克一批关键核心技术，加快推动区块链技术和产业创新发展。浙江大学教授、中国工程院院士陈纯就这个问题做了讲解，并谈了意见和建议。

趣链科技在区块链技术的发展及应用表明，我国区块链应用赋能传统产业数字化的过程，已经进入实质化加速推广的时期。

资料来源：笔者根据多方资料整理而成。

本章小结

本章从供应链金融的角度，说明了区块链在供应链金融的数字化转型中的应用，区块链以其特有的数据上链公示和数字资产可拆分、不可伪造的特性，在供应链金融中，可以将核心企业的债权进行拆分和上链，保证了数据的真实和投融资的方便。

本章通过介绍上市公司和银行在供应链和区块链双链合一的过程中的实例应用，说明了区块链技术确实为中小企业在数字化转型中带来了福音，帮助它们更为快速、成本更低地获得金融支持。围绕供应链金融的数字化，区块链技术在电子发票、电子投票、身份认证等方面为金融的发展提供了基础支撑，在整体解决方案进行推进的情况下，双链融合，区块链赋能传统企业数字化转型的前景是光明的和乐观的。

参考文献

[1] 比立，刘一心．我们需要更加宽容地看待最近的科技猛兽［N］．经济，2017-12-05（5）．

[2] 蔡维德，郁莲，王荣，等．基于区块链的应用系统开发方法研究［J］．软件学报，2017，28（6）：1474-1487．

[3] 何蒲，于戈，张岩峰．区块链技术与应用前瞻综述［J］．计算机科学，2017，44（4）：1-15．

[4] 林小驰，胡叶倩雯．关于区块链技术的研究综述［J］．金融市场研究，2016（2）：97-109．

[5] 林晓轩．区块链技术在金融业的应用［J］．中国金融，2016（8）：17-18．

[6] 卢扬，郑蕊，穆慕．电影众筹新骗局［N］．北京商报，2019-02-21（7）．

[7] ［加］唐塔普斯科特，［加］亚力克斯·塔普斯科特．区块链革命：比特币底层技术如何改变货币、商业和世界［M］．北京：中信出版社，2016．

[8] ［英］丹尼尔·德雷舍．区块链基础知识25讲［M］．北京：人民邮电出版社，2018．

［9］［美］梅兰妮·斯万．区块链：新经济蓝图及导读［M］．北京：新星出版社，2018．

［10］邵奇峰，金澈清，张召，等．区块链技术：架构及进展［J］．计算机学报，2018，41（5）：969-988．

［11］沈鑫，裴庆祺，刘雪峰．区块链技术综述［J］．网络与信息安全学报，2016，2（11）：11-20．

［12］王硕．区块链技术在金融领域的研究现状及创新趋势分析［J］．上海金融，2016（2）：26-29．

［13］谢辉，王健．区块链技术及其应用研究［J］．信息网络安全，2016（9）：192-195．

［14］［英］亚当·斯密．国富论：国民财富的性质和起因的研究［M］．谢祖钧，孟晋，盛之，译．长沙：中南大学出版社，2004．

［15］颜阳．区块亮＋负能数字经济［M］．北京：机械工业出版社，2018．

［16］禹钟华．对货币职能及本质的在探讨［J］．经济评论，2003（6）：21-25．

［17］袁勇，王飞跃．区块链技术发展现状与展望［J］．自动化学报，2016，42（4）：481-494．

［18］张宁，王毅，康重庆，等．能源互联网中的区块链技术：研究框架与典型应用初探［J］．中国电机工程学报，2016，36（15）：4011-4023．

［19］张苑．区块链技术对我国金融业发展的影响研究［J］．国际金融，2016（5）：41-45．

［20］周维．P2P 数据管理系统中的事务技术研究［D］．长沙：中南大学，2008．

［21］Bano S，Al-Bassam M，Danezis G. The Road to Scalable Blockchain Designs［M］. London：Magazine，2017.

[22] Brown R G，Carlyle J，Grigg I，et al. Corda：An Introduction [J]. R3 CEV，2016（8）：58-60.

[23] Chen C，Qi Z，Liu Y，et al. Using Virtualization for Blockchain Testing [C] //International Conference on Smart Computing and Communication. Springer，Cham，2017：289-299.

[24] Daniel Genkin，Dimitrios Papadopoulos. Charalampos Papamanthou Communications of the ACM [J]. Iet Communications，2018，61（6）：78-88.

[25] Dinh T T A，Wang J，Chen G，et al. Blockbench：A Framework for Analyzing Private Blockchains [C] //Proceedings of the 2017 ACM International Conference on Management of Data. ACM，2017：1085-1100.

[26] Fan K，Ren Y，Wang Y，et al. Blockchain-based Efficient Privacy Preserving and Data Sharing Scheme of Content-centric Network in 5G [J]. Iet Communications，2018，12（5）：527-532.

[27] Fanti G，Viswanath P. Anonymity Properties of the Bitcoin P2P Network [J]. Coordinated Science Laboratory，University of Illinois at Urbana–Champaign，IL 61801，2017.

[28] Halpin H，Piekarska M. Introduction to Security and Privacy on the Blockchain [C] //Security and Privacy Workshops（EuroS&PW），2017 IEEE European Symposium on. IEEE，2017：1-3.

[29] Hardjono T，Smith N，Pentland A S. Anonymous Identities for Permissioned Blockchains [M]. Cambridge：Cambridge University Press，2016.

[30] Henry R，Herzberg A，Kate A. Blockchain Access Privacy：Challenges and Directions [J]. IEEE Security & Privacy，2018，16（4）：38-45.

[31] Lamehamedi H，Szymanski B K. Decentralized Data Management

Framework for Data Grids [J]. Future Generation Computer Systems, 2007, 23 (1): 109-115.

[32] Liang X, Shetty S, Tosh D, et al. Provchain : A Blockchain-based Data Provenance Architecture in Cloud Environment with Enhanced Privacy and Availability [C] //Proceedings of the 17th IEEE/ACM International Symposium on Cluster, Cloud and Grid Computing. IEEE Press, 2017: 468-477.

[33] Meiklejohn S, Pomarole M, Jordan G, Levchenko K, Mc Coy D, Voelker G M, Savage S. A fistful of Bitcoins : Characterizing Payments Among Men with no Names [J]. In Proceedings of IMC, 2013 (8): 127-140.

[34] Ron D, Shamir A. Quantitative Analysis of the Full Bitcoin Transaction Graph [J]. In Proceedings of FC, 2013 (1): 6-24.

[35] Tan K L, Cai Q, Ooi B C, et al. In-memory Databases: Challenges and Opportunities from Software and Hardware Perspectives [J]. ACM SIGMOD Record, 2015, 44 (2): 35-40.

[36] Yue X, Wang H, Jin D, et al. Healthcare Data Gateways : Found Healthcare Intelligence on Blockchain with Novel Privacy Risk Control [J]. Journal of Medical Systems, 2016, 40 (10): 218.